Im Sommer

Eine Jahreszeit mit allen Sinnen erleben

Im Sommer

Die Natur erleben, kochen und genießen wie auf dem Lande

Dort-Hagenhausen-Verlag

Inhalt

Schlemmen im Sommer 8

Geselligkeit draußen 50

Zusammen die Natur erobern 104

Urlaub daheim 148

Vorwort

Sommer ist gleich Sehnsucht ist gleich Süden ist gleich Sonne. So oder ähnlich assoziieren wir gern, wenn wir an den Sommer denken und an all jene schönen Beschäftigungen, die uns zwischen Mitte Mai und Ende August erwarten. Und weil wir in Breitengraden wohnen, wo sich die Jahreszeiten ganz eklatant unterscheiden, wird gerade den klimatischen Abschnitten besondere Bedeutung beigemessen. Was unternehmen wir nicht alles, um ganzjährig Sommer zu haben? Fernreisen, Sonnenbäder – draußen Sitzen auch im Winter. Dabei vergessen wir ein wenig, den richtigen Sommer mit allen Sinnen zu genießen. Das fängt mit der Vorfreude an, erstreckt sich über viele kleine Sommerrituale und hört mit dem Urlaub auf – und der ist gerade im Sommer am schönsten daheim. Wer sich auf die bunteste unserer Jahreszeiten einstimmen möchte, um den nächsten Sommer in vollen Zügen zu genießen, der wird auf den folgenden Seiten so manche Anregung finden. Und eines unserer 43 Sommerrezepte kann man eigentlich das ganze Jahr zubereiten – eine leichte und schmackhafte Übung, um den Sommer herbeizusehnen.

Schlemmen im Sommer

Salate …

… kühle Muntermacher

Frisch vom Garten auf den Tisch – knackige Salate mit Kräutern verfeinert, in einem feinen Dressing – fertig ist ein raffiniertes Sommergericht. Am besten schmecken Salate und Gemüse natürlich aus Eigenanbau, aber auch Ware vom Biobauern ist wunderbar. Schwelgen Sie in der Fülle, die uns der Sommer bietet und genießen Sie die Leichtigkeit des Seins.

Bohnensalat

bunt

■ Für 4 Portionen

400 g Prinzessbohnen • 2 Tomaten • 1 kleine rote Zwiebel • Salz

■ Für das Dressing

1 Knoblauchzehe • 3 EL Weißweinessig • Salz, Zucker, Pfeffer • 5 EL Olivenöl

■ Die Bohnen waschen und putzen. Wasser mit etwas Salz in einem Topf zum Kochen bringen. Bohnen darin 5 Minuten blanchieren, dann in ein Sieb schütten, unter kaltem Wasser abschrecken und gut abtropfen lassen.

■ Die Tomaten waschen und in Scheiben schneiden. Zwiebel und Knoblauch schälen. Die Zwiebel halbieren und in Halbringe schneiden. Die Knoblauchzehe fein hacken.

■ Essig, Salz, Zucker, Pfeffer und Olivenöl verquirlen. Zwiebelringe, Knoblauch, Tomatenscheiben und Bohnen hineingeben und alles locker vermengen.

Zucchini

mit Salami & Orangen

■ Für 4–6 Portionen

3 Zucchini • 2 EL Pflanzenöl • 2 Zwiebeln • 4 Kirschtomaten • 50 g Fenchelsalami, dünn geschnitten • 1 Orange • 7 EL Olivenöl extra vergine • Salz, Pfeffer, Zucker • weißer Balsamico-Essig

■ 2 EL Öl in einer Pfanne erhitzen. Die Zucchini in Scheiben schneiden und im heißen Öl 2 Minuten dünsten. Auf einem Küchenkrepp abkühlen lassen.

■ Die Zwiebeln schälen und in dünne Ringe schneiden.

■ Die Orange schälen, die Spalten filettieren und in kleine Stückchen schneiden.

■ Olivenöl, Essig, Salz, Pfeffer, etwas Zucker zu einer Marinade verrühren.

■ In einer großen Schüssel alle Zutaten vermengen, mit Baguette servieren.

Couscous

Salat

■ 150 g Couscous • 200 ml Brühe • 2 EL Öl • 2 Bund Frühlingszwiebeln • 2 Möhren • 1 Zucchino • 1 TL Curry, Salz • 1 TL afrikanische Gewürzmischung • je 1/2 TL Koriander, 5-Gewürze-Pulver, Dukka • 1 EL Öl • Saft von 1/2 Zitrone • 2 cm frisch geriebener Ingwer • 4 Radieschen

■ Couscous in eine Schüssel geben, Brühe erhitzen, über den Couscous gießen, diesen ziehen lassen und immer wieder mit einer Gabel auflockern.

■ Die Frühlingszwiebeln putzen und in Ringe schneiden. Das Öl erhitzen, die Frühlingszwiebeln darin andünsten. Die Möhren schälen und sehr klein würfeln, Radieschen in Scheiben schneiden. Den Zucchino waschen, klein würfeln, mit den Möhren zu den Frühlingszwiebeln geben und kurz mitdünsten, die Mischung dann beiseite stellen.

■ Den Couscous mit den Gewürzen, dem Öl, Zitronensaft und Ingwer verrühren, das Gemüse untermengen.

Brotsalat

mit Tomaten

■ Für 4 Portionen

400 g Kirschtomaten • 1 Bund Rucola • 4 Zweige Basilikum • 2 Baguettesemmeln • 2 Knoblauchzehen • 7 EL Olivenöl • 1 Zweig Thymian • 2 EL Balsamico-Essig • Salz, Zucker, Pfeffer • 100 g Parmesan

■ Die Tomaten waschen und halbieren. Den Rucola waschen, die groben Stiele abzupfen. Das Basilikum waschen und trocken schütteln, die Blättchen abzupfen. Alle Zutaten in einer Schüssel vermengen.

■ Die Baguettesemmeln in sehr dünne Scheiben schneiden. Den Knoblauch schälen, mit 3 EL Öl und dem Thymian in einer Pfanne erhitzen, die Brotscheiben darin knusprig braten.

■ Das restliche Olivenöl mit dem Balsamico-Essig, Salz, Zucker und Pfeffer cremig aufschlagen, die Salatzutaten damit übergießen und alles locker mischen. Den Salat mit den Brotscheiben auf Teller verteilen und den Parmesan dünn darüber hobeln.

Möhrensalat

mit Rettich

■ Für 4 Portionen
1 große Möhre • 1 Rettich (etwa 400 g) • 1 TL Rôtisseur-Senf • 2 EL Sahne • 2 EL Apfelessig • 1 EL Zitronensaft • 2 EL Sonnenblumenöl • Salz, Zucker • 1 Bund Petersilie • 1 Handvoll Gänseblümchen-Blüten

■ Die Möhre und den Rettich schälen und die Enden abschneiden. Beide mit der Rohkostreibe in feine Stifte raspeln und in einer Schüssel mischen.

■ Für das Dressing den Senf mit Sahne, Essig, Zitronensaft und Öl gründlich verquirlen und mit Salz und Zucker abschmecken.

■ Die Petersilie waschen, trocken schütteln und fein hacken.

■ Das Dressing mit der Möhren-Rettich-Mischung verrühren, den Salat mit Petersilie und den Gänseblümchen-Blüten bestreuen und servieren.

Beeren – der Sommerhit

... schmecken kühl, frisch und herzhaft

Sie leuchten im Garten um die Wette und sind ein wahrer Augenschmaus: Beeren haben im Sommer Hochsaison. Ob bereits im Müsli zum Frühstück, zwischendurch als frisch-fruchtiger Drink, in Chutneys oder als überraschende Zutat in Fleischgerichten: Vielfältig und fantasievoll lassen sie sich in der Küche verwenden und versorgen uns so mit wichtigen Vitaminen und wertvollen sekundären Pflanzenstoffen. Mit ihrer bunten Pracht machen sie gute Laune und bringen Farbe ins Leben!

Beerenglück

Kuchen

■ Für den Teig

250 g Mehl • 125 g kalte Butter • 1 Prise Salz • 80 g Zucker • 1 Ei • Backpapier für das Blech • Hülsenfrüchte zum Blindbacken

■ Für den Belag

500 g gemischte Beeren (Himbeeren, rote Johannisbeeren, Heidelbeeren) • 150 g Zucker • 6 Blatt rote Gelatine • 50 ml Himbeerlikör • Puderzucker zum Bestreuen • 200 g Sahne • 2 EL Rosenzucker • 50 g Joghurt • 40 ml Zitronenlikör

■ Das Mehl auf eine Arbeitsfläche sieben. Die Butter in kleinen Stücken, Salz, Zucker und Ei dazugeben und alles rasch zu einem glatten Teig verkneten. Den Teig in Folie wickeln und etwa 30 Minuten im Kühlschrank ruhen lassen.

■ Den Backofen auf 200 °C vorheizen. Den Teig auf bemehlter Fläche rechteckig ausrollen und auf ein Backblech legen, einen kleinen Rand formen. Den Boden mit einer Gabel mehrmals einstechen, Hülsenfrüchte darauf verteilen und den Boden etwa 20 Minuten backen.

Den Boden herausnehmen und auskühlen lassen.

Für den Belag 300 g Beeren mit dem Zucker erhitzen, bis der Zucker geschmolzen ist. Die Gelatine in kaltem Wasser einweichen. Die Beeren pürieren und durch ein Sieb streichen. Die Gelatine ausdrücken, mit dem Himbeerlikör erwärmen und unter das Beerenmus rühren.

Das Beerenmus auf den erkalteten Boden geben und im Kühlschrank in etwa 4 Stunden fest werden lassen. Die restlichen Beeren auf dem Kuchen verteilen und mit reichlich Puderzucker bestreut servieren.

Die Schlagsahne mit Rosenzucker steif schlagen. Den Joghurt und den Zitronenlikör unterrühren und die Sahne zu der Tarte reichen.

Dieser Kuchen ist ein echter Sommerhit – denn wenig Teig und Früchte machen ihn zu einer süßen Erfrischung, gut auch mit Vanilleeis.

Biskuittorte

mit Beeren

■ Für den Teig

180 g weiche Butter • 190 g Zucker • 2 Päckchen Bourbon-Vanillezucker • 1 Prise Salz • 9 Eier • 1 EL Rum • 6 EL Milch • 110 g Mehl • 110 g gemahlene Mandeln • 2 TL Backpulver • Butter für die Formen • Puderzucker zum Bestäuben

■ Für die Creme

6 Blatt weiße Bio-Gelatine • 300 g Ricotta • 200 g Mascarpone • 110 g Zucker • 2 TL abgeriebene unbehandelte Limettenschale • 4 EL Orangenlikör • 250 g Heidelbeeren • 250 g Himbeeren

■ Zum Garnieren

150 g Sahne • unbehandelte, essbare Blüten

■ Für den Teig die Butter mit Zucker, Vanillezucker und Salz schaumig rühren, bis sich der Zucker aufgelöst hat. Die Eier nacheinander unter die Butter-Zucker-Masse rühren. So lange rühren, bis eine cremig-schaumige Masse entstanden ist.
Rum, Milch, Mehl und Mandeln nach und nach unter die Eiermasse rühren, bis ein glatter Teig entstanden ist. Zum Schluss das Backpulver unterheben. Den Backofen auf 160 °C (Umluft) vorheizen.

■ Zwei Springformen (∅ 20 und 24 cm) mit etwas Butter ausstreichen. Den Teig in den Formen verteilen und im Backofen etwa 30 Minuten backen. Die fertigen Böden herausnehmen, aus den Formen lösen, auf ein Kuchengitter legen und auskühlen lassen.

■ Für die Creme die Gelatine in kaltem Wasser einweichen. Die Heidelbeeren kurz abbrausen und abtropfen lassen. Die Himbeeren verlesen.
Den Ricotta mit Mascarpone, Zucker und Limettenschale verrühren, bis sich der Zucker aufgelöst hat. Den Orangenlikör erwärmen und die ausgedrückte Gelatine darin unter Rühren auflösen.
Die aufgelöste Gelatine unter die Ricottacreme rühren. Die Böden quer halbieren und mit der Creme füllen, die gut abgetropften Heidelbeeren und die Himbeeren drauf verteilen, die Böden wieder zusammensetzen.

■ Backpapierstreifen in Höhe und Umfang der Torten zuschneiden, jeweils um die Böden legen und mit einer Büroklammer befestigen. Die Torten 3 bis 4 Stunden kalt stellen.
Kurz vor dem Servieren die beiden Torten aufeinander setzen. Die Sahne steif schlagen und den Vanillezucker einrieseln lassen. Die Sahne in einen Spritzbeutel mit Sterntülle füllen und Rosetten auf die oberste Torte spritzen. Auf die Rosetten Beeren und essbare Blüten setzen. Die Torte mit einem scharfen Messer in Kuchenstücke schneiden.

Küchlein

mit Stachelbeeren

- Für 6 Stück
- Für den Teig

150 g Weizenmehl • 150 g Dinkelmehl • 125 g Butter • 1 Ei • 5 EL Wasser • Fett für die Förmchen

- Für den Belag

150 g Zucker • 1 TL gemahlener Zimt • 600 g Stachelbeeren • 3 Blatt Bio-Gelatine • 200 ml Apfelsaft • 100 ml Süßwein

Das Mehl mischen und auf eine Arbeitsfläche geben, in die Mitte ein Mulde drücken. Die Butter in Stückchen auf dem Rand verteilen. Ei und Wasser verquirlen und in die Mulde geben. Alles zu einem geschmeidigen Teig verkneten, zur Kugel formen und zugedeckt etwa 30 Minuten kalt stellen.

Die Stachelbeeren waschen und abtropfen lassen. Den Zucker in einen Topf geben und bei starker Hitze karamellisieren lassen. Die Stachelbeeren dazugeben und kurz mitdünsten lassen, dann beiseite stellen, den Zimt unterrühren.

Den Backofen auf 180 °C vorheizen. Die Förmchen einfetten. Den Teig auf bemehlter Fläche ausrollen. Die Böden der Förmchen damit auslegen, einen etwa 2 cm hohen Rand formen. Die Stachelbeeren darauf verteilen. Die Törtchen etwa 25 Minuten backen.

Inzwischen die Gelatine in kaltem Wasser einweichen. Den Apfelsaft mit dem Süßwein mischen. Die Gelatine tropfnass in einen Topf geben und bei schwacher Hitze auflösen, unter den Apfelsaft mischen und die Törtchen damit bestreichen.

Blütenzweige und unreife Beerenästchen sind attraktive Dekoelemente auf Tellern und Tischen.

Für Farbenliebhaber sind Brombeeren und Blaubeeren das Richtige – ein Stückchen Zitrone zum Nachreinigen der Zähne macht das Naschen perfekt!

Dessert
mit Quark & Beeren

300 g Beeren (z. B. Brombeeren, Heidelbeeren) • 4 EL Zucker • 1 unbehandelte Limette • 250 g Magerquark • 125 g Mascarpone • 100 g Joghurt • 1 Päckchen Bourbon-Vanillezucker

Die Brombeeren waschen und abtropfen lassen. Dann mit Zucker in einer Schüssel mischen.

Die Limette heiß abwaschen, dann abtrocknen. Von der Schale 1 TL fein abreiben. Ein Stück Schale ohne weiße Innenhaut abschneiden und in sehr feine Streifen schneiden, zum Garnieren beiseite legen. Die Limette auspressen.

Quark, Mascarpone, Joghurt und Vanillezucker mit den Quirlen des Handrührers verrühren. Limettensaft und abgeriebene Schale mischen und unter die Quarkcreme rühren.

Die Creme mit den Brombeeren mischen und in Dessertschalen oder kleine Einmachgläser füllen und 1 Stunde kalt stellen.

Schnelle Erdbeertorte

mit Quarkfüllung

■ Für den Teig

5 Eier • 100 g Zucker • 3 EL Wasser • 1 Prise Salz • 150 g Mehl • 2 EL Speisestärke • abgeriebene Schale von 1 unbehandelten Zitrone • Butter und gehobelte Mandeln für die Form

■ Für den Belag

5 Blatt Gelatine • 200 g Sahne • 250 g Quark (20% Fett) • 2 EL Zitronensaft • 100 g Puderzucker • 3 EL Erdbeerkonfitüre • 300 g Erdbeeren

■ Den Backofen auf 180 °C vorheizen. Eine Springform (∅ 24 cm) mit Butter ausstreichen und mit den Mandeln ausstreuen. Die Eier trennen. Eigelbe mit Zucker und Wasser schaumig schlagen. Die Eiweiße mit Salz steif schlagen. Auf die Eigelbcreme geben. Mehl mit Speisestärke und Zitronenschale (1 TL für den Belag beiseite legen) dazugeben. Alles locker miteinander mischen. Den Teig in die Form füllen, glattstreichen und etwa 30 Minuten backen. Den fertigen Boden herausnehmen und auskühlen lassen.

■ Die Gelatine in kaltem Wasser einweichen. Die Sahne steif schlagen. Quark mit Zitronensaft, Zitronenschale und Puderzucker glattrühren. Die Sahne unterheben. Die Gelatine tropfnass in einen Topf geben und bei schwacher Hitze schmelzen lassen, unter die Quarkcreme rühren.

■ Den Tortenboden wieder in die Springform legen. Die Erdbeerkonfitüre pürieren und erwärmen. Den Boden damit bestreichen. Die Quarkcreme darauf verteilen und im Kühlschrank in etwa 4 Stunden fest werden lassen. Kurz vor dem Servieren die Erdbeeren kurz abbrausen, putzen, in feine Scheiben schneiden und die Torte damit belegen.

■ Erdbeerkuchen sind eine schnelle Sache, allerdings sollte es ihr Verzehr auch sein, denn Erdbeeren sind auch unter schützendem Gelee sehr empfindlich.

Beerentarte
mit Vanillecreme

■ Nicht nur optisch ein Gedicht: Beerenkuchen mit essbaren Blüten. Wer auf den Teig verzichten möchte, richtet das Ganze als Quarkspeise an.

■ Für den Teig
50 g Speisestärke • 100 g Mehl • 50 g gemahlene Mandeln • 1 Ei • 70 g Zucker • 100 g Butter • 100 g weiße Schokolade • Fett und Semmelbrösel für die Form • Hülsenfrüchte zum Blindbacken
■ Für die Creme
2 unbehandelte Limetten • 2 Eier • 3 EL Speisestärke • 1/4 l Milch • 50 g Sahne • 50 g Zucker • 1 Päckchen Bourbon-Vanillezucker • 1 Prise Salz
■ Für den Belag
500 g gemischte frische Beeren

■ Für den Teig Speisestärke, Mehl und Mandeln mischen. Ei, Zucker und Butter in Stücken darauf verteilen. Alles rasch zu einem glatten Teig verkneten. Den Teig zur Kugel formen, in Folie wickeln und etwa 1 Stunde kalt stellen.

■ Den Backofen auf 200 °C (Umluft 180 °C) vorheizen. Eine Tarteform (∅ 28 cm) einfetten und mit Semmelbröseln ausstreuen. Den Teig auf bemehlter Arbeitsfläche etwa 1/2 cm dick ausrollen. Die Form damit auskleiden. Den Boden mit einer Gabel mehrmals einstechen, mit einem Stück Backpapier belegen, mit Hülsenfrüchten bedecken und im Backofen (Mitte) etwa 15 Minuten backen. Dann herausnehmen und abkühlen lassen.

■ Die Schokolade im Wasserbad schmelzen lassen. Den Tarteboden mit der Schokolade bestreichen und trocknen lassen.

■ Für die Creme die Limetten heiß abwaschen und abtrocknen. Die Schale fein abreiben und den Saft auspressen. Die Eier trennen, mit Speisestärke und 1/8 l Milch verquirlen. Restliche Milch und Sahne mit Zucker und Salz zum Kochen bringen. Die angerührte Speisestärke hineinrühren und kurz aufkochen lassen. Die Eiweiß steif schlagen und unterziehen. Nochmals kurz aufkochen lassen. Limettensaft und -schale unter die Creme rühren, erkalten lassen.

■ Die abgekühlte Zitronencreme auf dem Tarteboden verteilen, die Tarte kalt stellen. Kurz vor dem Servieren die Beeren säubern und auf der Limettencreme verteilen, dann servieren.

Fruchtzeit Sommer

... ob scharf oder süß kombiniert

Orange, Gelb, Rosa und Rot in allen Schattierungen – im Sommer haben Früchte Hochkonjunktur, frisch, als Dessert, Kuchendeko, Kaltschale oder Sorbet. Herzhaft gewürzt, gegrillt oder gebacken geben sie auch echte Beilagen ab, die zu Eis und zu Fleisch schmecken.

■ Die kurze Zeit der Pfirsich- und Aprikosenernte sollte man in vollen Zügen genießen und die wunderbaren Früchte herzhaft und süß zubereiten.

Pfirsiche

in Zitronensud

■ Für 4 Portionen

4 schöne Pfirsiche • 300 ml Wasser • 150 g Zucker • 1 Vanilleschote • 2 Zweige Zitronenverbene (ersatzweise 3 Zweige Zitronenmelisse) • Saft von 1 Zitrone

■ Die Pfirsiche waschen. In einem Topf Wasser und Zucker zum Kochen bringen. Die Vanilleschote längs aufschneiden und mit 1 Zweig Zitronenverbene (oder 2 Zweigen Zitronenmelisse) und dem Zitronensaft in den Sud geben. Alles etwa 5 Minuten unter Rühren kochen lassen. Wasser zum Kochen bringen. Die Pfirsiche hineingeben und etwa 2 Minuten darin ziehen lassen. Dann abgießen, abschrecken und die Haut abziehen.

■ Die Früchte in den Zuckersud geben und darin zugedeckt bei schwacher Hitze etwa 5 Minuten pochieren. Vanilleschote und Zitronenverbene entfernen. Die Pfirsiche in eine Schüssel geben. Den Sirup durch ein feines Sieb dazugießen. Die Pfirsiche kalt stellen. Kurz vor dem Servieren mit Zitronenverbenen- oder Zitronenmelisseblättchen garnieren.

Chutney
mit Aprikosen

■ Für 4 Gläser à 300 ml

1 kg reife Aprikosen • 1 weiße Zwiebel • je 1 rote und gelbe Paprikaschote • 50 g frischer Ingwer • 200 ml Weißweinessig • 200 ml trockener Weißwein • 300 g brauner Zucker • 1 Prise frisch geriebene Muskatnuss • 1 Zimtstange • 1 Sternanis • 1 Gewürznelke • 1 TL Salz • 1 getrocknete rote Chilischote

■ Die Aprikosen waschen, halbieren, entsteinen und in Würfel schneiden. Die Zwiebel schälen und würfeln. Die Paprikaschoten waschen, halbieren und das Kerngehäuse entfernen. Die Hälften in Würfel schneiden. Den Ingwer schälen und fein reiben.

■ Die vorbereiteten Zutaten mit Weißweinessig, Weißwein und Zucker in einen Topf geben. Muskatnuss, Zimtstange, Sternanis, Gewürznelke und Salz hinzufügen, die Chilischote hineinbröseln.

■ Die Zutaten bei mittlerer Hitze 30 Minuten kochen lassen, dabei immer wieder umrühren. Sobald das Chutney die Konsistenz einer Konfitüre hat, in die Gläser füllen, diese sofort verschließen und auf den Kopf stellen.

■ Die Gläser zum Einfüllen auf ein feuchtes Küchentuch stellen, damit sie nicht platzen. Das abgekühlte Chutney hält sich im Kühlschrank einige Wochen, Sie können es aber auch tiefkühlen.

■ Das Chutney passt hervorragend zu gegrilltem oder kurz gebratenem Fleisch oder Braten mit wenig Sauce.

Braten
mit Chutney

■ Für 8 Portionen

2 kg Schweinekotelett mit Knochen • Salz, Pfeffer • 500 g Aprikosen • 2 kleine Auberginen (ca. 500 g) • 2 cm frischer Ingwer • 2 TL gemahlener Koriander • 3 EL Blütenhonig • 6 EL Olivenöl • 100 g Butter • 6 kleine Zwiebeln • 6 Knoblauchzehen • 200 ml trockener Weißwein • 2 EL brauner Zucker • 4 cl halbtrockener Sherry • 1 TL Speisestärke

■ Das Schweinefleisch vom Fett befreien und mit Salz und Pfeffer würzen. Die Aprikosen waschen, halbieren und entsteinen. Die Auberginen waschen und in etwa 5 cm lange und 2 cm dicke Stifte schneiden. Den Ingwer schälen und fein reiben, mit dem Koriander unter den Blütenhonig rühren.

■ Den Backofen auf 180 °C (Umluft 160 °C) vorheizen. 2 EL Olivenöl in einem Bräter erhitzen und das Fleisch darin rundum anbraten, dann mit der Honigmischung bestreichen und mit 40 g Butterflöckchen belegen. Das Fleisch im Backofen (Mitte) weitergaren. Die Zwiebeln und die Knoblauchzehen schälen und hinzufügen. Den Weißwein angießen. Den Schweinebraten etwa 1 3/4 Stunden garen, dabei immer wieder mit dem Bratensaft begießen.

■ Die restliche Butter in einem Topf zerlassen. Den Zucker unterrühren. Die Aprikosenhälften in dieser Mischung karamellisieren, dann beiseite stellen. In einer anderen Pfanne das restliche Olivenöl erhitzen und die Auberginenstücke darin von allen Seiten braun braten. Mit Salz und Pfeffer würzen.

■ Das Fleisch aus dem Bräter nehmen und etwa 15 Minuten ruhen lassen. In der Zwischenzeit den Bratenfond durch ein Sieb in einen Topf gießen und zum Kochen bringen. Die Speisestärke mit dem Sherry verrühren und unter die Sauce rühren. Das Fleisch vom Knochen lösen, in Scheiben schneiden und mit Aprikosen und Auberginen anrichten. Dazu passt ein Aprikosenchutney.

■ Gerade Früchte passen ausgezeichnet zu Fleisch. Ob leicht angedünstet, als Chutney, in Kompottform oder eingekocht. Als Mus geben sie Soßen eine sämige Konsistenz und würzen dabei aromatisch.

Gebackene Früchtchen

... ein heißes Rezept auch mit Eis

■ Für 4 Portionen

8 reife Aprikosen • 200 g Heidelbeeren • 200 g Himbeeren • 16 frische Mandeln in der Schale (ungeröstet und ungesalzen) • 4 kleine Lavendelzweige • 4 TL Zucker • 4 TL Vanillezucker • 4 EL Aprikosenlikör • 50 g Marzipanrohmasse • 4 TL Butter

■ Die Aprikosen waschen, halbieren und die Steine entfernen. Die Heidelbeeren kurz abbrausen und verlesen. Die Himbeeren verlesen. Die Mandeln aus der Schale lösen. Den Lavendel kurz abbrausen.

■ Den Backofen auf 200 °C (Umluft 180 °C) vorheizen. Zucker, Vanillezucker und Zimt mischen. Vier Blatt Pergament- oder Butterbrotpapier auf eine Arbeitsfläche legen oder in feuerfeste Gefäße geben. Aprikosen und Beeren auf dem Papier verteilen, die Ränder nach oben falten. Die Früchte mit der Zuckermischung bestreuen. Aprikosenlikör und Marzipanrohmasse mit einem Pürierstab vermengen und über die Früchte verteilen. Je 1 TL Butter, 1 Zweig Lavendel und 4 Mandelkerne dazugeben. Die Päckchen verschließen und im Backofen (Mitte) etwa 20 Minuten garen. Die fertigen Päckchen herausnehmen und auf Dessertteller setzen.

■ Dazu schmeckt auch ein Sorbet aus Beeren. 500 g Beeren waschen, verlesen und pürieren. Dann 400 ml Wasser mit 400 ml aromatischem, süßem Weißwein und 150 g Zucker zum Kochen bringen. Eine unbehandelte Zitrone in Scheiben schneiden, dazugeben. 1 Vanilleschote aufschlitzen und ebenfalls dazugeben. Alles so lange kochen lassen, bis die Konsistenz sirupartig ist. 200 ml von dem Sirup abmessen. Die pürierten Früchte mit dem Zuckersirup mischen. Die Masse in eine Form füllen und ins Tiefkühlfach stellen, immer wieder durchrühren, damit sich keine groben Eiskristalle bilden.

■ Nicht nur gebacken stellen Früchte eine echt heiße Delikatesse dar – man kann sie auch auf den Grill legen und mit Schokosoße bereichern.

Paradiesisch …

Tomaten und andere Sommergemüse

Glücklich, wer über einen eigenen Gemüsegarten verfügt, aber viele Tomaten reifen auch im Topf – und da die alten Sorten im Augenblick eine Renaissance erleben, ist das Angebot an Stecklingen riesig: Die Farbpalette reicht von Pink bis Mahagoni und Schwarz, die Formen variieren zwischen kürbis-, dattel- oder birnenförmig. Neben anderem Sommergemüse machen sie eine paradiesische Figur.

Nudelsalat

mit Tomaten

■ Für 4 Portionen

200 g Farfalle • Salz • 100 g Löwenzahn • 200 g Kirschtomaten • 2 Bund Frühlingszwiebeln • 2 EL Weißweinessig • Zucker, Pfeffer • 4 EL Olivenöl • 100 g Ziegenkäse • 10 schwarze Oliven ohne Stein

■ Die Nudeln bissfest garen. Während die Nudeln garen, den Löwenzahn waschen, harte Stiele entfernen und die Blätter in mundgerechte Stücke zupfen. Die Tomaten waschen und halbieren. Die Frühlingszwiebeln waschen, putzen und fein hacken.

■ Essig, Salz, Zucker, Pfeffer und Öl verrühren. In einer großen Schüssel die noch lauwarmen Nudeln, Löwenzahn, Tomaten und Frühlingszwiebeln mischen. Das Dressing darüber gießen und alles gut miteinander vermengen.

■ Den Ziegenkäse in kleine Würfel schneiden. Die Oliven halbieren. Den Nudelsalat auf einer Platte oder in Schälchen anrichten. Käsewürfel und Oliven darüberstreuen, mit frischem Landbrot und Butter servieren.

Mozzarella

eingelegt, mit Tomaten

■ Für 2 Gläser à 500 ml

1 Handvoll Rucolablätter • 4 Knoblauchzehen • 10 kleine Mozzarellakugeln (vorzugsweise Büffelmozzarella) • 10 kleine Strauchtomaten • 300 ml Olivenöl extra vergine

■ Den Rucola waschen, abtropfen lassen und die groben Stiele entfernen. Den Knoblauch schälen. Die Mozzarellakugeln abtropfen lassen und mit einem Holzspießchen rundum einstechen. Die Tomaten waschen und abtropfen lassen. Dann mit etwas Öl und dem Knoblauch in einer Pfanne kurz erwärmen, beiseite stellen.

■ 2 Gläser in kochendem Wasser sterilisieren, auf einem sauberen Handtuch abtropfen lassen.

■ Rucola, Mozzarella, Tomaten und Knoblauch auf die beiden Gläser verteilen, mit dem Öl begießen. Die Gläser verschließen und die Mischung im Kühlschrank ein paar Stunden durchziehen lassen.

Lasagne
vegetarisch

Frisches Gemüse aus dem Garten verbindet sich bei dieser leichten Lasagne mit würzigem Käse zu einem unwiderstehlichen Geschmackserlebnis. Und getrocknete Tomaten künden das ganze Jahr von Sommer.

Für 4 Portionen

Für die Füllung

600 g Zucchini • 600 g Möhren • 3 EL Olivenöl • 2 Knoblauchzehen • 2 Zweige frischer Thymian • 1 Handvoll Basilikumblätter • 100 g getrocknete Tomaten

Für die Béchamelsauce

4 EL Butter • 3 gehäufte EL Mehl • 1 l Milch • Salz, Pfeffer • frisch geriebene Muskatnuss

Außerdem

Fett für die Form • 250 g grüne Lasagneblätter (ohne Vorkochen) • 100 g geriebener Parmesan

Die Zucchini waschen und putzen. Die Möhren schälen. Beides grob raspeln. Die getrockneten Tomaten in feine Stücke schneiden. Das Öl in einer Pfanne erhitzen, die Gemüseraspel und die Tomaten darin etwa 10 Minuten dünsten. Den Knoblauch schälen und dazupressen, die Gemüsemasse zugedeckt beiseite stellen.

Die Kräuter kurz abbrausen und trocken schütteln. Die Thymianblättchen von den Stielen streifen, die Basilikumblättchen in Streifen schneiden. Das Gemüse mit den Kräutern verrühren. Die Masse mit Salz und Pfeffer würzen. Den Backofen auf 200 °C vorheizen.

Für die Béchamelsauce die Butter schmelzen lassen, das Mehl dazugeben und unter Rühren goldgelb anschwitzen. Die Milch dazugießen, aufkochen lassen und die Sauce 10 Minuten bei mittlerer Hitze kochen lassen. Mit Salz, Pfeffer und Muskat würzen.

Eine feuerfeste Form einfetten. Etwas Béchamelsauce auf dem Boden verteilen. Abwechselnd Lasagneblätter, Gemüsefüllung und Béchamelsauce hineinschichten. Jede Schicht mit etwas Parmesan bestreuen. Die letzte Schicht sollte Sauce sein, diese wieder mit geriebenen Parmesan bestreuen. Die Lasagne im Ofen (Gas 3–4; Umluft 180 °C) etwa 1 Stunde backen.

Tomaten

mit Hirsesalat

■ Für 30 Stück

1 kleine Zwiebel • 1 Knoblauchzehe • 1 EL Olivenöl • 100 g Hirse • 300 ml Gemüsebrühe • 30 kleine Strauchtomaten • Salz, Pfeffer • 3 Frühlingszwiebeln • 50 g Crème fraîche • 2 TL Zitronensaft • 1 TL Sonnenblumenöl • 2 TL Curry

■ Zwiebel und Knoblauch schälen und fein hacken. Das Olivenöl erhitzen, beides darin glasig dünsten. Die Hirse hinzufügen und kurz mitdünsten. Die Gemüsebrühe angießen und aufkochen lassen. Die Hirse bei schwacher Hitze etwa 20 Minuten quellen lassen.

■ Von den Tomaten einen Deckel abschneiden, das Fruchtfleisch herauslösen und innen mit Salz und Pfeffer würzen. Die Frühlingszwiebeln waschen, putzen und fein hacken.
Crème fraîche, Zitronensaft, Sonnenblumenöl und Curry mischen. Die Hirse mit den Frühlingszwiebeln und der Crème fraîche verrühren und die Tomaten damit füllen.

Kartoffelsalat

mit Radieschen und Kräuterquark

■ Kartoffelsalat ist der Klassiker unter den Party- und Picknicksalaten. Aber Achtung: Mayonaise gehört nur in den Winterkartoffelsalat, da sie bei Hitze schnell verdirbt und zu Vergiftungen führen kann.

■ Für 4 Portionen

■ Für den Salat

500 g Kartoffeln, festkochend • 2 kleine Zwiebeln • 1 Bund Radieschen • Salz, Pfeffer, Zucker • 1 Knoblauchzehe • weißer Balsamico-Essig, Olivenöl • 1 Bund Schnittlauch • 2 Frühlingszwiebeln • 1/2 Tasse Wasser

■ Für den Quark

500 g Quark (20 % Fett) • 2 EL Sahne • 1 Bund Petersilie • Salz, Pfeffer, Zucker, Paprikapulver

■ Die Kartoffeln waschen und in der Schale gar kochen.

■ Die Zwiebeln fein hacken, die Radieschen in feine Scheiben schneiden.

■ 1 Knoblauchzehe schälen und halbieren. Mit den Hälften die Schüssel ausreiben.

■ Aus Öl, Essig, Salz, Pfeffer und Zucker einen Marinade anrühren.

■ Wasser in einem Topf zum Kochen bringen.

■ Die gekochten Kartoffeln schälen und in Würfel schneiden. In der Schüssel mit den Zwiebeln vermengen, die Radieschen unterheben.

■ Die Marinade und das heiße Wasser darübergeben und vermischen. Ca. 1/2 Stunde ziehen lassen.

■ Schnittlauch und Frühlingszwibeln hacken und über den Salat geben.

■ Für den Kräuterquark den Quark, die Gewürze und die Sahne geschmeidig verrühren.

■ Petersilie waschen, fein hacken und unter die Quarkmasse rühren.

■ Zum Dekorieren eignen sich Kleeblüten, Gänseblümchen, blühender Schnittlauch oder Löwenzahn.

Fleischgerichte ...

... die Idealpartner zu Salaten und Dips

Ganz ohne Fleisch geht es auch im Sommer nicht, denn die Grillsaison beginnt und da steht mariniertes Fleisch bei vielen ganz oben auf der Einkaufsliste. Dagegen ist auch nichts einzuwenden, wenn es aus artgerechter Haltung stammt! Fleisch aus Massen-Zuchtbetrieben sollte man allerdings meiden, denn es ist mit Medikamtenrückständen belastet. Geben Sie deshalb Bio-Fleisch den Vorzug und ergänzen Sie es großzügig mit frischem Gemüse oder Salaten. Auch Kräuter und Früchte sind schmackhafte Begleiter für Fleischgerichte und machen sie sogar leichter verdaulich.

■ Ein Braten ist ein eleganter Mittelpunkt auf einem kalten Buffet. Und Reste können prima aufgehoben werden.

Roastbeef

im Kräutermantel

■ Für 6 Personen

1,2 kg Rinderlende • Salz, Pfeffer • 2 EL Butterschmalz • je 1/2 Bund Kerbel, Thymian, Oregano, Estragon, Basilikum • 2 EL Olivenöl • 1 EL Rôtisseur-Senf • 1 Zwiebel • 1 Tomate • 2 Knoblauchzehen • 1 Möhre

■ Den Backofen auf 80 °C vorheizen. Das Fleisch mit Salz und Pfeffer würzen. Butterschmalz in einem Bräter erhitzen, das Fleisch darin rundum kross anbraten.

■ Die Kräuter waschen, trocken schütteln und die Blättchen fein zerkleinern. Die zerkleinerten Kräuter mit Öl und Senf mischen und den Braten damit bestreichen. Das Fleisch im vorgeheizten Backofen bei 80 °C etwa 2 Stunden garen.

■ Dazu passen Kartoffelpüree oder Parmesanküchlein mit Spinat.

Putenschnitzel

in Nusspanade mit Tomatensalat

■ Für 4 Portionen

■ Für den Salat

500 g Strauchtomaten • 1 Bund Frühlingszwiebeln • 1 Knoblauchzehe • 1/2 Bund Schnittlauch • 1/2 Bund Basilikum • 2 EL Weißweinessig • 4 EL Sonnnenblumenöl • 1 TL Zucker • 1/2 TL Salz

■ Für die Schnitzel

4 große Putenbrustschnitzel (à ca. 180 g) • Salz, Pfeffer • 2 Eier • 1 TL abgeriebene unbehandelte Zitronenschale • 5 EL gemahlene Mandeln • 2 EL Semmelbrösel • 2 EL Sonnenblumenöl • 1 EL Butter • einige Zitronenschnitze zum Garnieren

■ Für den Salat die Tomaten waschen, vom Strunk befreien, in Würfel schneiden und in eine Schüssel geben. Frühlingszwiebeln putzen, waschen und fein hacken, zu den Tomaten geben. Die Knoblauchzehe schälen und durch die Presse drücken.

■ Schnittlauch und Basilikum waschen und trocken schütteln. Schnittlauch in feine Röllchen, Basilikumblätter in Streifen schneiden. Mit den Tomaten und Frühlingszwiebeln in der Schüssel mischen. Weißweinessig mit Öl, Zucker und Salz cremig aufschlagen, zum Salat geben und alles locker mischen.

■ Die Putenschnitzel kalt abspülen, dann gründlich trocken tupfen. Die Eier in einem Suppenteller verquirlen. Zitronenschale, Nüsse und Semmelbrösel auf einem zweiten Teller mischen. Die Schnitzel auf beiden Seiten mit Salz und Pfeffer würzen, dann in Ei und der Panade wenden.

■ Das Öl mit der Butter in einer Pfanne erhitzen. Die Putenschnitzel darin bei mittlerer Hitze pro Seite etwa 5 Minuten goldbraun braten.

■ Die Putenschnitzel auf vorgewärmten Tellern anrichten, den Salat getrennt dazu reichen.

■ Wem die Nusspanade zu umständlich ist, der kann auch die Putenschnitzel in eine wenig Tomatenmark und Honig ankaramellisieren – wer es scharf liebt, mengt noch Chilipulver dazu.

Roulade
vom Kalb

■ Für 4 Portionen

4 Eier • große Scheibe Kalbslende (ca. 600 g, knapp 1 cm dick) • 1/2 EL Zitronensaft • 1 EL Dijonsenf • Salz, Pfeffer • 250 g grüner Spargel • 100 g Schinken • 1 Zwiebel • 1 EL Sonnenblumenöl • 50 g geriebener Parmesan • 1 EL Thymianblättchen • 1 EL Rosmarinnadeln • 2 EL Butterschmalz

■ 3 Eier in etwa 10 Minuten hart kochen, dann kalt abschrecken, schälen und abkühlen lassen.

■ Die Kalbslende mit dem Handballen etwas flachdrücken. Zitronensaft, Senf, Salz und Pfeffer verrühren und das Fleisch damit bestreichen. Den Spargel waschen, die unteren Enden großzügig abschneiden. Die Spargelstangen in etwa 3 cm große Stücke schneiden.

■ Die Zwiebel schälen und fein hacken. Den Schinken in Würfel schneiden. Sonnenblumenöl in einer Pfanne erhitzen, Zwiebel und Schinken darin dünsten, bis die Zwiebel glasig ist. Den Backofen auf 160 °C vorheizen.

■ Spargel, Zwiebel, Schinken, Crème fraîche, 1 Ei, Parmesan, Thymian und Rosmarin mischen und pürieren, mit Salz und Pfeffer würzen. Die Masse auf dem Fleisch verteilen, die hart gekochten Eier darauflegen. Das Fleisch wie eine Roulade aufrollen und mit Küchengarn umwickeln.

■ Butterschmalz in einem Bräter erhitzen und die Roulade darin von allen Seiten braun anbraten, dann im Backofen in etwa 45 Minuten fertig garen.

■ Rouladen sehen nicht nur nett aus, sie schmecken auch so vielseitig, wie die Füllung, die man ihnen verpasst. Statt Eiern kann man auch Backpflaumen, Gurken oder Curryreis nehmen.

Braten

& Kräuter-Senf

■ Für 8 Personen
Je 1/2 Bund Thymian, Rosmarin, Majoran, Lavendel, Oregano • 1 EL Dijon-Senf • 2 EL Olivenöl • 1,6 kg Schweinenacken • Salz • Pfeffer • Butterschmalz

■ Den Backofen auf 160 °C vorheizen. Die Kräuter waschen, trocken schütteln und ohne die groben Stiele fein zerkleinern. Die Kräuter dann mit Senf und Olivenöl mischen.

■ Den Schweinenacken mit Salz und Pfeffer würzen. Butterschmalz in einem Bräter erhitzen, den Braten darin von allen Seiten kräftig anbraten. Den Braten mit der Kräutermasse bestreichen.

■ Den Braten im Backofen (Mitte) etwa 2 Stunden braten.

■ Dazu passen Grilltomaten oder Ratatouille.

Kräuter im Sommer …

… die würzigen Hitzehelfer

Im Sommer verwöhnt uns die Natur mit allem, was grünt und blüht – wir dürfen aus dem Vollen schöpfen. Eine winzige Kräuterecke findet überall ein Plätzchen. Das ist ein Gewinn für die Küche, denn mit Kräutern lassen sich die einfachsten Gerichte adeln! Sie geben Schweinebraten ein südländisches Flair und Beerenkuchen ein überraschend anderes Aroma. Versuchen Sie es selbst einmal!

■ Kräuter haben im kleinsten Garten und auf der winzigsten Fensterbank Platz, sehen gut aus und sind eine Bereicherung für jedes Essen.

Kartoffel-

Salat mit Kräutern

■ Für 4 Portionen

8 festkochende Kartoffeln • 3 Eier • 300 ml Fleischbrühe • 3 EL Weißweinessig • Salz, Pfeffer • 2 TL mittelscharfer Senf • 3 EL Sonnenblumenöl • 2 Zwiebeln • 4 EL fein gehackte Kräuter (Petersilie, Schnittlauch, Kerbel) • 1 Bund Radieschen

■ Die Kartoffeln waschen und mit der Schale in wenig Wasser 20–30 Minuten garen. Die Eier hart kochen. Die Kartoffeln abgießen, etwas abkühlen lassen und vorsichtig in Scheiben schneiden. Die Fleischbrühe erhitzen. Die Kartoffeln damit übergießen und gut durchziehen lassen.

■ Essig mit Salz, Pfeffer und Senf vermischen. Die Zwiebeln schälen, in kleine Würfel schneiden und mit der Marinade und den Kräutern über die Kartoffeln geben. Alles vorsichtig miteinander vermischen. Das Öl erst zum Schluss unter den Salat mischen.

■ Die Eier schälen. Die Radieschen waschen und putzen. Eier und Radieschen in Scheiben schneiden und den Salat damit garnieren.

Zucchini
gegrillt & Kräuterquark

■ Für die Zucchini

2 kleine Zucchini • 1 Knoblauchzehe • 3 EL Olivenöl • Salz, Pfeffer • Olivenöl für das Backblech

■ Für den Quark

1/2 Beet Kresse • 200 g Quark (20 % Fett) • 50 g saure Sahne • 1 EL gehackte Walnüsse • Salz, Pfeffer • 1/2 unbehandelte Zitrone

■ Den Backofengrill vorheizen. Ein Backblech mit Öl bestreichen. Die Zucchini waschen und die Enden abschneiden. Die Früchte quer in etwa 2 1/2 cm dicke Scheiben schneiden und auf das Backblech legen. Die Knoblauchzehe schälen und durch die Presse drücken, mit dem Olivenöl mischen. Die Zucchinischeiben damit bestreichen und mit Salz und Pfeffer würzen. Die Zucchinischeiben im Backofen etwa 10 Minuten grillen, dann wenden, eventuell noch mit etwas Knoblauchöl bestreichen und weitere 5 Minuten grillen.

■ Während die Zucchini garen, die Kresse vom Beet schneiden. Den Quark mit der sauren Sahne, den Nüssen und der Kresse verrühren. Die Zitrone heiß abwaschen und trocken reiben. Etwas Schale abreiben, eine Zitronenhälfte auspressen. 1 EL Saft und Schale unter den Quark mischen.

■ Den Quark in kleine Gläser füllen. Die Zucchinischeiben längs auf Holzspießchen stecken und je zwei Spieße in ein Glas stecken.

Spargel
mit Kräutergarnelen & grünem Ricotta

■ Für 4 Portionen

2 Blatt Gelatine • je 1 Bund Kerbel, Estragon, Schnittlauch • 1 Beet Kresse • 1 Schalotte • 300 g Ricotta • Salz, Pfeffer • Saft von 1 Zitrone • 500 g gekochte Garnelen • 2 EL Weißwein • 1 EL Noilly Prat • 3 EL Weißweinessig • 6 EL Olivenöl • 1 TL Zucker • je 500 g grüner und weißer Spargel • Öl zum Braten

■ Die Gelatine in kaltem Wasser einweichen. Die Kräuter fein hacken. Die Kresse vom Beet schneiden. Die Schalotte schälen und fein hacken. Die Hälfte der

■ Wer Platz hat, sollte unbedingt einen Blumenkasten zur Kräuterinsel ernennen und darin die Lieblingskräuter ziehen. Abends entfalten die Kräuter dann auch noch einen ganz besonderen Duft.

Kräuter und Kresse mit dem Ricotta pürieren. Mit Salz, Pfeffer und Zitronensaft abschmecken. Die Gelatine tropfnass in einen Topf geben und zerlassen, unter den Ricotta mischen, 4–5 Stunden kalt stellen.

■ Die Garnelen mit den restlichen Kräutern mischen. Wein, Noilly Prat, Essig, Olivenöl, Zucker, 1/2 TL Salz und Zitronensaft verquirlen, über die Garnelen gießen und diese im Kühlschrank marinieren.

■ Die Spargelstangen schälen, die Enden abschneiden. Das Öl in einer Pfanne erhitzen und die Spargelstangen darin kurz anbraten, dann den Deckel auflegen und die Spargelstangen bei milder Hitze gar ziehen lassen. Alles auf Tellern anrichten und servieren.

Quark

mit würziger Kresse & Schnittlauch

■ Für 4 Portionen

4 Blatt weiße Gelatine • 2 Schalotten • 2 Knoblauchzehen • 1 Bund Schnittlauch • 1 Beet Kresse • 250 g Magerquark • 100 g Schmand • 100 g Joghurt • 2 EL Zitronensaft • Salz, Pfeffer • Paprikapulver

■ Die Gelatine in kaltem Wasser einweichen. Die Schalotten schälen und fein hacken. Den Knoblauch schälen. Den Schnittlauch waschen, trocken schütteln und in feine Röllchen schneiden. Die Kresse vom Beet schneiden und waschen.

■ Den Quark mit Schmand, Joghurt und Zitronensaft verrühren, mit Salz, Pfeffer und Paprikapulver würzen.

■ Die Gelatine tropfnass in einen kleinen Topf geben und bei schwacher Hitze auflösen. Dann unter die Quarkcreme rühren. Schnittlauch und Kresse untermischen. Den Quark in eine Form geben und mindestens 4 Stunden kalt stellen.

■ Den Quark aus dem Kühlschrank nehmen. Die Schüssel kurz in heißes Wasser halten, dann den Quark auf einen Teller stürzen. Nach Belieben mit Radieschen und gehackten Kräutern garnieren.

■ Mit sieben Kräutern der eigenen Wahl, saurer Sahne und Schmand, Salz, etwas Zucker und jeder Menge Pfeffer lässt sich eine grüne Soße herstellen, die zu harten Eiern und Kartoffeln passt.

Fischzeit …

… leichte Kost aus dem Wasser

Im Sommer zieht es uns in die Natur, und sie ist es auch, die uns mit allerlei Köstlichkeiten verwöhnt. Frischer Fisch aus heimischen Gewässern ist ein echter Genuss. Man braucht dafür keine exotischen Zutaten – erstklassiges Öl und ein paar Kräuter genügen schon, um aus einem einfachen Filet ein wunderbar aromatisches Gericht zu zaubern.

■ Fischhappen sind kleine Boten des Meeres – sehr praktisch, wenn man kein Meer um die Ecke hat und sich den Urlaub nach Hause holen möchte! Das Rezept zu diesem Appetithappen finden Sie auf S. 48.

Fischfilet

mit Gemüse

■ Für 4 Portionen

8–10 Kretzerfilets (ca. 800 g) • 2 EL Zitronensaft • Salz, Pfeffer • 2 kleine Zucchini • je 1 gelbe und rote Paprikaschote • 2 Fleischtomaten • 1 Knoblauchzehe • 2 Schalotten • einige Zweige frische Kräuter (Basilikum, Petersilie, Salbei, Rosmarin, Thymian, Majoran, Oregano, Lavendel) • 2 EL Olivenöl • 2 EL Butter

■ Die Fischfilets kalt abbrausen, trocken tupfen und eventuell noch vorhandene Gräten entfernen. Die Filets mit Zitronensaft beträufeln und mit Salz und Pfeffer würzen.

■ Zucchini, Paprikaschoten, Tomaten waschen und in kleine Würfel schneiden. Knoblauch und Schalotten schälen und fein hacken. Die Kräuter waschen, trocken tupfen und fein zerkleinern.

■ Das Öl in einer Pfanne erhitzen. Zwiebel und Knoblauch darin bei schwacher Hitze glasig dünsten. Die Gemüsewürfel zufügen, alles mit Salz und Pfeffer würzen und etwa 5 Minuten zugedeckt dünsten.

■ Die Butter in einer Pfanne zerlassen und die Fischfilets darin von beiden Seiten goldbraun braten. Fisch und Gemüse auf vorgewärmten Tellern anrichten.

Mousse
von der Forelle

■ Für 4 Portionen

300 g geräucherte Forellenfilets • 100 g Garnelen • 1/2 Zitrone • 150 g Crème fraîche • 1–2 EL trockener Sherry • Salz, Pfeffer • Cayennepfeffer • 1 Bund Rucolasalat oder die Herzen von grünem Salat • 300 g Kirschtomaten • 1 TL Zucker • 1/4 TL Salz • 1 1/2 EL Balsamico-Essig • 3–4 EL Olivenöl • 1 Knoblauchzehe • 1/2 Bund Schnittlauch

■ Die Forellen grob zerkleinern, in eine Rührschüssel geben. Die Garnelen abbrausen, abtropfen lassen und dazugeben. Die Zitrone auspressen. Den Saft zum Fisch geben. Die Crème fraîche hinzufügen und alles mit einem Pürierstab pürieren. Den Sherry unter die Fischcreme rühren. Mit Salz, Pfeffer und Cayennepfeffer würzen. 2 Stunden kalt stellen.

■ Den Rucola waschen, trocken schütteln und die groben Stiele abknipsen. Zucker und Salz mit Balsamico-Essig und Öl verquirlen. Den Knoblauch schälen, durchpressen und dazugeben. Den Schnittlauch waschen, trocken schütteln und fein hacken.

■ Den Salat auf Tellern anrichten und mit dem Dressing beträufeln. Aus der Forellenmousse mit zwei Esslöffeln Nocken formen und auf den Salat setzen. Mit Schnittlauch bestreuen und servieren.

■ Für die Variante mit grünem Salat kann die Mousse auch noch mit roter Paprika angereichert werden. Köstlich schmeckt dieser Aufstrich auf krossen Brötchen.

■ Sie können die Creme auch mit anderen Räucherfischen herstellen. Wer mag, mischt etwas gehackten Dill darunter. Mousse von Fischen schmeckt auch als Sandwichaufstrich köstlich nach Sommer.

Thunfisch

mit Tomaten

■ Für 4 Portionen

4 Thunfischsteaks (à ca. 180 g) • Salz, weißer Pfeffer • 1 Knoblauchzehe • 1 EL Zitronensaft • 3 EL Olivenöl • 2–3 Tomaten (ca. 300 g) • 1/2 Bund Basilikum • 1/2 EL Balsamico-Essig • 1 Prise Zucker • 1 EL schwarze Oliven

■ Die Thunfischsteaks kalt abspülen und trocken tupfen. Mit Salz und Pfeffer würzen. Den Knoblauch schälen und durch die Presse drücken. Mit dem Zitronensaft und 2 EL Öl mischen, die Fischsteaks damit einstreichen. Den Backofengrill auf mittlerer Stufe vorheizen.

■ Inzwischen die Tomaten waschen und sehr klein würfeln, dabei die Stielansätze entfernen. Basilikum waschen und trocken schwenken. Die Blättchen fein hacken und zu den Tomaten geben. Mit Balsamico-Essig, Salz, Pfeffer, Zucker und dem restlichen Öl mischen. Die Oliven untermengen.

■ Die Fischsteaks mit der Sauce in die Fettpfanne des Backofens oder in eine Grillpfanne geben und alles unter dem heißen Grill etwa 10 Minuten garen. Den Fisch einmal wenden. Alles auf vorgewärmten Tellern anrichten.

■ Frischer Thunfisch schmeckt wunderbar aromatisch – besonders gut vom Grill mit einer mediterranen Sauce.

■ Thunfisch ist mager und darf nach dem Grillen noch einen leicht rosa Kern haben.

Geselligkeit draußen

Der Sommer ein Fest

… und wie man ihn dazu macht!

Der Journalist und Autor Alfred Polgar hat gesagt: „Lebenskünstler ist, wer seinen Sommer so erlebt, dass er ihm noch den Winter wärmt.“ Ein schöner Gedanke ist das: den Sommer, die Wärme auf der Haut, den Geruch von trockenem Heu, den Geschmack von reifem Obst, das Prickeln auf der Haut nach einem kühlen Bad als Erinnerung abzuspeichern. Doch die wichtigsten Erinnerungen sind immer die, die wir an schöne Momente mit anderen Menschen haben. Deshalb muss man den Sommer nutzen, um viele liebe Menschen um sich zu versammeln und das Leben und seine besonderen Augenblicke zu feiern. Auch wenn das Besondere manchmal „nur“ einer der wenigen lauen Sommerabende ist, die es in unseren Breiten gibt.

Sommerliche Geselligkeit kann von langer Hand geplant sein – ein großes Sommerfest, eine Sommerhochzeit – oder aber spontan und aus einer „Sommerlaune“ heraus erfolgen. Egal, ob große Party oder Grillabend, es sind die kleinen liebevollen Details, die das Zusammentreffen von Menschen zu einem angenehmen Erlebnis machen, das lange im Gedächtnis bleibt.

Das Wetter austricksen

Wasser und Abendsonne sind zwei Dekopartner, die ein Abendessen perfekt machen.

Nördlich des Alpenhauptkamms ist das so eine Sache mit den Sommerfesten: Man kann Glück haben und es wird ein traumhaft schöner Abend oder aber man hat Pech und die Temperaturen sind wie im März und es schüttet aus Kübeln. Da dem Wetter nicht zu trauen ist, muss es ausgebootet werden. Zelte helfen, dem Wetter ein Schnippchen zu schlagen. Ist es wirklich scheußlich, schützen sie vor dem Regen. Ist es schön, dann können die Seitenteile geöffnet werden und das Zelt bietet erst in den Morgenstunden, wenn der Tau ausfällt, Schutz vor der aufsteigenden Feuchtigkeit. Mit der Wahl des Zeltes kann man die Stimmung des Abends stark beeinflussen: Es gibt marokkanische Königszelte, die ein

Fest wie aus 1001 Nacht ermöglichen. Tipis bzw. Zelte in Form von Tipis sind ein außergewöhnliches und stylishes Ambiente. Ganz klassisch wirken die Pagode und das altbekannte Partyzelt. Aber Vorsicht! Erst wenn klar ist, wie viele Gäste kommen und wie sie bewirtet werden sollen, kann man sich Gedanken über das Zelt machen. Der Platzbedarf in einem Zelt hängt stark davon ab, wie die Gäste platziert werden und wie das Catering vonstattengeht. Findet das Fest in einem kleineren und familiären Rahmen statt, dann genügen Sonnensegel, Pergola oder ein Pavillon, um sich gut beschirmt und wohl zu fühlen. Und zu guter Letzt: Zu jedem dieser temporären Bauten gehören unbedingt ein befestigter Boden und eine mobile Heizung. Erst wenn man die hat, ist es egal, wie das Wetter wird. Unabhängig von Thermometer und Barometer genießt man so ein echtes Sommerfest.

Hell erleuchtete Sommernacht

Ganz wichtig für die Stimmung ist die Festbeleuchtung. Bei der Beleuchtung muss man unterscheiden zwischen der zwingend notwendigen (s. Beleuchtung), die z. B. die Wege zu den Sanitäranlagen ausleuchtet, und den Lichtquellen, die für ein stimmungsvolles Ambiente sorgen. Bei Zweiteren kann man nach Lust und Laune und je nach Motto des Fests aus dem Vollen schöpfen. Nichts illuminiert den Garten stimmungsvoller als Fackeln und flackernde Kerzen. Hat das Fest oder das Buffet ein Motto, dann sollten die Lichtquellen zu dem Motto passen. Kommt Sushi auf den Tisch, wirken japanische Papierlampions über der Tafel bezaubernd. Marokkanische Eisenlaternen und Teelichter in bunten Gläsern zaubern einen Hauch von Orient. Viele bunte Lampions an einer Wäscheleine mit Wäscheklammern befestigt erinnern an die Kindheit und lassen sofort eine unbeschwerte und heitere Stimmung aufkommen. Dank des natürlichen Lichts, das sie ausstrahlen, und der offenen, sichtbaren Flamme, sind Fackeln eine wunderbare Ergänzung zu den anderen Lichtquellen. Man findet sie in verschiedenen Ausführungen, die günstigsten sind bunte Wachsfackeln. Allerdings hinterlassen sie beim Abbrennen

Eine bestimmte Farbstimmung bringt Ordnung in eine Freilufttafel.

Wachsflecken auf dem Rasen. Eine Alternative dazu sind Fackeln mit Ölbehälter und Docht. Sie gibt es in jeglicher Machart von der ganz hochwertigen, die individuell nach Geschmack des Kunden angefertigt wird, bis hin zur Bambus- oder Metallfackel aus dem Baumarkt. Befüllt werden sollten diese Fackeln mit einem Brennstoff, der die Gäste nicht belästigt, also mit einem Öl, das geruchsneutral und ohne Rußentwicklung abbrennt. Eine Alternative dazu ist ein Lampenöl, das einen ätherischen Duft abgibt und so ungebetene Festteilnehmer wie z. B. Mücken verscheucht.

Auf den Tischen zaubern Windlichter schöne Schattenspiele. Gerade bei Windlichtern kann man seine Kreativität austoben und seinem Basteltalent freien Lauf lassen (s. Feste feiern mit Kindern). Wichtig ist, dass die Proportionen von Kerze und Gefäß zu einander passen. Besonders schön wirken alte Weckgläser als Gefäße. In großen Vasen sehen mehrere Kerzen in unterschiedlicher Höhe attraktiv aus. Elektrische Lichtschläuche können den Übergang von Rasen zu Beet in Szene setzen und Lichtgirlanden zaubern tolle Effekte in nächtliche Bäume. Noch romantischer wirken sie, wenn in den Ästen vereinzelt Glasprismen hängen.

Sommer wohin das Auge blickt

Ein Sommerfest ohne schönen Blumenschmuck ist nicht denkbar. Gerade an den Blumen kann man erkennen, ob der Sommer beginnt oder ob er schon am ausklingen ist. Im Frühsommer gibt es noch ein paar Tulpen, im Hochsommer verschwenden Rosen ihren Duft und zum Herbst hin bezaubern Dahlien und Sonnenblumen mit ihren kräftigen Farben. Für die Blumendekoration gibt es nur eine Regel, die unbedingt beachtet werden muss: Auf den Tisch kommen keine giftigen Blumen! Alles andere ist erlaubt. Besonders attraktiv wirken Wiesenblumen und Gräser in einfachen Gefäßen. Sie halten lange und sind eine kostengünstige Alternative zu gekauften Blumen.

Nicht immer hat man auf den Tischen genügend Platz für große Blumenarrangements. Dann tun es auch kleine Gefäße, z. B. schlichte Windlichter, in die man etwas Wasser füllt, sodass darauf einzelne Blüten oder Blütenblätter schwimmen können. Am Buffet sollte die Blumenpracht das Essen nicht überstrahlen. Ein schön geschwungener einzelner Zweig – blühend oder nicht – reicht dort völlig aus. Oder man arrangiert alte, schöne Flaschen, jeweils mit einer einzelnen Blüte befüllt, zu einem schönen Gesamtbild.

Sollen die Gäste gleich von Beginn an positiv auf das Fest eingestimmt werden, dann empfängt sie eine selbstgefertigte Girlande aus Birkenzweigen oder blühenden Zweigen, die das Gartentor schmückt.

Das brauchen die Gäste

Gerade bei einem Sommerfest wandern die Gäste mit ihren Tellern, Gläsern und Besteck von Sitzplatz zu Sitzplatz. Dabei geht das eine oder andere „verloren“. Hilfe bieten kleine Beistelltische, die an verschiedenen Stellen platziert werden, auf denen Ersatzbesteck und -teller in Weidenkörben angeboten werden. Daneben sollten immer ein paar frische Gläser, Servietten und Wasserflaschen bzw. nicht alkoholische Getränke stehen.

Was gibt es denn Leckeres?

Ein Sommerfest lebt davon, dass die Gäste im Garten umherwandeln und dabei Sitzplätze und Gesprächspartner wechseln können. So bietet sich im Endeffekt nur das Buffet zur Verpflegung der Gäste an. Es ermöglicht ihnen, sich mit dem Essen frei zu bewegen. Wichtig ist es, die Zusammenstellung der Speisen unter ein Motto zu stellen, damit sie auch zueinander passen. Gerade im Sommer, wenn Obst und Gemüse in Hülle und Fülle zur Verfügung stehen, kann das auch einmal ein vegetarisches Buffet sein. Ebenso gut funktionieren ein maritimes oder ein mediterranes. Auf alle Fälle sollten die Speisen nicht allzu schwer im Magen liegen. Das ist bei sommerlichen Temperaturen nicht besonders angenehm.

Darf es ein Tänzchen sein?

Nichts ist schöner als ein Fest, auf dem man mal wieder richtig tanzen kann. Die Frage ist allerdings: Was sagen die Nachbarn zu lauter Musik? Eine Möglichkeit ist, die Nachbarn mit einem netten Brief vorzuwarnen und sie aufzufordern sich zu melden, falls es ihnen zu laut wird. Eine wichtige Maßnahme im Vorfeld. Die andere Möglichkeit: Die Tanzfläche wird in das Innere des Hauses verlagert. Das widerspricht zwar dem Charakter eines Sommerfests, schont aber die Nerven Menschen, die nicht an der Feierlichkeit teilnehmen.

Alternative Feste

Nicht jeder hat einen Garten, in dem er ein rauschendes Sommerfest feiern kann. Natürlich gibt es alternative Plätze, an denen man ebenso gut den Alltag hinter sich lassen kann. Sehr stimmungsvoll sind Strandfeste an Flüssen oder Seen, aber auch auf Alm- und Waldfesten kann man dem Sommer huldigen. Allerdings muss man beim Ausrichten eines solchen Festes immer bedenken: Alles was gebraucht wird – Geschirr, Gläser, Dekoration, Getränke, Essen, Sitzmöglichkeiten etc. –, muss angefahren werden. Es macht zwar unglaublich viel Spaß, an einem solchen Ort zu feiern, aber ebenso viel Arbeit.

Ein besonderes Fest

... die Sommerhochzeit

Der Himmel ist strahlend blau, Schäfchenwolken ziehen darüber und die Wiesen blühen verschwenderisch. Mitten in dieser Idylle steht eine schlichte schöne Tafel, an der eine Hochzeitsgesellschaft unbeschwert feiert. Das ist das Traumbild einer Sommerhochzeit. Das Glück, so zu feiern, hat kaum ein Brautpaar. Aber ein paar Elemente dieser wundervollen Vorstellung kann man auf jeder Sommerhochzeit umsetzen.

■ Unter freiem Himmel den Bund fürs Leben zu schließen oder zumindest ihn zu feiern, ist ein Traum, der in Erfüllung gehen kann. Perfektion ist hier keine Voraussetzung.

■ Brautstrauß bleibt Brautstrauß

Wer im Sommer heiratet, kann beim Blumenschmuck getrost auf Gewächshauspflanzen verzichten und auf gesunde, kräftige Freilandblumen zurückgreifen. Je schlichter der Strauß ist, desto besser kommt die Schönheit der Blüten zur Geltung. Einfache Margeriten mit Jungfer im Grün oder Rittersporn wecken sofort Assoziationen an eine Blumenwiese. Üppig erblühte Pfingstrosen lassen einen Bauerngarten vor dem inneren Auge aufscheinen, ebenso wie Hortensien. Und die klassische Blume für den Brautstrauß, die Rose, gibt es im Sommer in verschwenderischer Fülle: in jeder Farbe mit allen nur erdenklichen Blütenformen und betörend duftend. Das Motto, das die Braut für ihren Strauß wählt – Blumenwiese, Bauerngarten oder Rosenpracht –, sollte sich auch in der Tischde-

Bräuche ...

zur Hochzeit

In manchen Regionen zersägt das Hochzeitspaar nach der Trauung einen auf einem Bock liegenden Holzstamm. Das gemeinsame Sägen symbolisiert die gleichberechtigte Stellung der Ehepartner in der Beziehung und zeigt, worauf es in der Ehe ankommt: Reden und Zuhören, Aktivität und Gelassenheit und gegenseitiges respektieren der Bedürfnisse. Den Brautschuh mussten die Bräute früher mit Pfennigen bezahlen. Eine Tradition, die heute mit den 1-Cent-Münzen fortgesetzt wird. Dieser Brauch symbolisiert die Sparsamkeit der Braut. Der Schuh darf der Braut entwendet und symbolisch versteigert werden. Am Ende der Versteigerung muss ihn allerdings der Bräutigam seiner Liebsten zurückkaufen. Das Geld, das während der Versteigerung eingenommen wird, kommt dem Brautpaar zugute.

koration fortsetzen, damit die Gäste an dem unbeschwerten Sommergefühl teilhaben.

So wird es Sommer auf dem Tisch

Wenn die Hochzeitstafel nicht auf einer freien Wiese stehen kann, dann muss die Wiese eben auf die Tafel. Bezaubernd sieht es aus, wenn auf weiße Tischdecken unterschiedliche Blüten und kleine Blätter geheftet werden. Macht man sich diese Mühe, dann stört jeder weitere Blumenschmuck. Besonders harmonisch wirkt die Tafel, wenn die Blüten die Farben der Servietten und Gläser aufnehmen.

Auf eine Hochzeitstafel gehören Kerzen, doch Kerzenleuchter wirken sehr offiziell. Windlichter hingegen signalisieren Sommer, Sonne, Leichtigkeit. Gerade die Menükarten eignen sich, um daraus außergewöhnliche Windlichter zu basteln (s. unten). So bekommt der Tisch seine ganz individuelle und sehr sommerliche Note.

Drucken Sie die Menüabfolge im Querformat auf Transparentpapier. Bekleben Sie die freien Stellen mit getrockneten Blüten oder mit Motivklebeband. Formen Sie das Transparentpapier zu einer Rolle. Verkleben Sie die Enden sorgfältig. Jetzt stülpen Sie die Rolle über ein Wasserglas und schon ist das Menükarten-Windlicht fertig.

Feste feiern mit Kindern

Schön, wenn Generationen feiern

Ein Sommerfest ohne Kinder ist sicher eine stilvolle Angelegenheit, mit Kindern ist es auf alle Fälle lustiger. Kinder sind wunderbare Helfer, überträgt man ihnen sinnvolle Aufgaben. Das fängt schon bei der Vorbereitung an. Viel Spaß haben die kleinen Assistenten, wenn sie Papiertischdecken verschönern dürfen. Egal, ob man ihnen vorgefertigte Kartoffeldruck-Stempel gibt oder sie frei auf dem Papier arbeiten lässt. Die Ergebnisse sind immer individuell und farblich spannend. Besonders schön kommen die „Unikat-Tischdecken" zur Geltung, wenn sie ausgewählte Plätze zieren: das Buffet, die Beistelltische oder den Kindertisch.

Kinder lieben Lampions

Kinder sind Profi-Lampionbastler. Bereits im Kindergartenalter fertigen sie für den Martinsumzug ihre ersten Modelle und es kommen im Laufe der Jahre noch einige dazu. Ganz nebenbei lieben Kinder Lampions. Nichts bereitet ihnen mehr Freude, als im Dunkeln mit den Laternen herumzuwandern. Man schlägt drei Fliegen mit einer Klappe, delegiert man die Beleuchtungsdekoration an die kleinen Festteilnehmer: Sie sind eine ganze Weile beschäftigt, Teile der Festdekoration sind echte Einzelstücke und ist das Fest später am Abend richtig in Gang gekommen, können sich die Kinder mit den Lampions noch eine ganze Weile selbst beschäftigen. Am besten besorgt man festes Transparentpapier, Käseschachteln, Farben, Federn, Glassteine, Draht und eine Heißklebepistole. Sobald die Kinder das Material in den Händen haben, legen sie los. Hilfreich ist es, ihnen ein größeres Kind oder einen Babysitter an die Seite zu geben für die Arbeiten mit dem Kleber und dem Draht, also die gefährlicheren Dinge. Aber letzten Endes organisiert sich eine Gruppe unterschiedlich alter Kinder bei diesen Aufgaben sehr schnell selbst und braucht nur hin und wieder Unterstützung.

Kinder lieben Feste – und werden sich noch lange an diese Ereignisse erinnern.

Fundstücke einsetzen

Einmachgläser, Gurken-, Honig- oder Senfgläser sind tolle Windlichter. Am besten kauft man im Zoohandel feinen weißen Vogelsand. Damit füllt man die Gläser ca. 1,5 cm hoch. Dann dürfen die Kinder die Gläser mit Fundstücken, speziell gemusterten Steinen, leeren Schneckenhäusern, Muscheln, grünen Zapfen befüllen und verzieren. Und wie stolz sind die Kleinen dann, wenn die ersten Besucher kommen und sie „ihre" Werke präsentieren können. So eingebunden in die Vorbereitungen erleben Kinder das Sommerfest auch ein Stück weit als ihr Fest und lernen, wie schön und befriedigend es sein kann, viele liebe Menschen um sich herum zu haben.

Was geb ich bloß den Kindern?

Natürlich kann man den Kindern ein eigenes kleines Buffet anbieten, mit allem, was sie gerne essen. Viel spannender ist es für sie allerdings, an einer Feuerschale auf Haselnuss-Spießen selbst Würstchen zu grillen. Natürlich funktioniert das nur mit einer Aufsichtsperson. Dieser Aufwand lohnt sich aber, blickt man in die glänzenden Kinderaugen. Bietet man dazu einen klassischen Kartoffelsalat an, dann wird das Fest auch in den Erinnerungsfundus der Kinder aufgenommen werden: „Weißt du noch, wie wir die Würstchen am offenen Feuer gegrillt haben und immer so viele hineingefallen sind?"

Einer muss den Flohstall hüten

Sinnvoll ist es, einen Babysitter zu engagieren. Er kann die Bastelarbeiten mit den Kindern ausführen und hilft, wenn ein Kuscheltier verloren geht oder die Toilette nicht gefunden wird. Der Babysitter kann das Würstchengrillen übernehmen und bei großer Langeweile klassische Kinderspiele für draußen anbieten: Sackhüpfen, Wer hat Angst vorm schwarzen Mann, Eierlaufen etc. Ein Babysitter ist auch dann sinnvoll, wenn die Kinder schon das Schulalter erreicht haben, denn auch in diesem Alter passieren immer noch große und kleine Katastrophen. Hat man eine Aufsichtsperson engagiert, können Gastgeber und Gäste vollkommen entspannt den Abend genießen. Und keine Sorge: „Mamiiii, wo ist mein …" wird immer noch fröhlich in den Ohren aller anwesenden Eltern schallen.

Kinder, Kinder …

… bunte Happen schmecken

Bunte, kleine Muffins, die mit Guss verziert sind, trotzen gut der Hitze und können auch in die Hand genommen werden, wenn während des Spielens keine Zeit zum Essen ist. Was nicht aufgegessen wird, hält sich auch im Kühlschrank gut einige Tage.

Muffins

mit Sonnenschutz

■ Kleine Kuchen, Muffins oder Madelaines sind für Kinderfeste ideal.

■ Für 12 Stück

150 g Butter • 100 g Zucker • 200 g Mehl • 25 g Kakaopulver • 1 Pck. Vanillezucker • 2 gestrichene TL Backpulver • 2 Eier • 8 EL Milch • 75 g Raspelschokolade

■ Für die Glasur

250 g Puderzucker • Saft von einer Zitrone • Speisefarbe • Schokolinsen

■ Den Ofen auf 180 °C vorheizen.

■ Butter schaumig schlagen und nach und nach Zucker und Vanillezucker unterrühren. Sobald eine gebundene Masse entstanden ist, die Eier einzeln unterrühren.

■ Das Mehl mit dem Backpulver und dem Kakao mischen und abwechselnd mit der Milch unter den Teig rühren. Zuletzt die Raspelschokolade untermischen. Den Teig in eine gefettete und gemehlte Muffinform füllen und auf der mittleren Schiene ca. 25 Minuten backen.

■ Für den Guss den Puderzucker in vier Portionen teilen, mit Zitronensaft und der Speisefarbe (rot, grün, blau, gelb) zu einer geschmeidigen Masse verrühren. Auf die noch warmen Muffins den Guss streichen und mit Schokolinsen belegen.

Klassische Sommerfeste

… feiern aus der Tradition heraus

Eines der ersten Feste, an das man beim Stichwort Sommerfest denkt, ist die Sommersonnenwende am 21. Juni. Meist wird aber nicht am 21. gefeiert, sondern in der Johannisnacht, also der Nacht auf den Johannistag vom 23. auf den 24. Juni.

Loderndes Johannisfeuer

Wahrscheinlich hat es den Brauch der Sommersonnwendfeuer bereits zur vorchristlich-germanischen Zeit gegeben. Nach damaligem Glauben verließ Wotan in dieser Nacht Walhall, um die Erde zu segnen. Da das Brauchtum, das Entzünden der Feuer, zum christlichen Fest der Geburt Johannes des Täufers passte, wurde es übernommen. Erstmals belegt ist ein Johannisfeuer im 12. Jh., ab dem 14. Jh. wird es häufig erwähnt. Bis heute hat sich dieser wunderbare Brauch erhalten. Sehr beeindruckend sind die Feuer rund um die Zugspitze. Dort werden in den Felswänden von Zugspitze, Grubigstein, Sonnenspitze und Marienberg keine einfachen Feuer, sondern bis zu 200 m hohe Figuren entzündet. Ganz so spektakulär geht es in Eschwege (Hessen) nicht zu, dafür wird dort volle fünf Tage lang gefeiert. Dem Volksglauben nach wehrt das Johannisfeuer Dämonen, Krankheiten und Viehschaden ab. Die bis heute anhaltende Beliebtheit der Johannisfeuer geht auf die Popularität des Heiligen Johannes zurück, dem starke Kräfte zugesprochen wurden. Der Johannistag ist aber nicht nur der Tag,

- Vor dem Johannistag / man Gerst und Hafer nicht loben mag.
- Vor Johanni bitt´ um Regen, / nachher kommt er ungelegen.
- An Johanni trocken und warm, / das macht keinen Bauern arm.
- Rebenwuchs und Wein / gräbt der Johanniregen ein.

an dem die Sommersonnenwende gefeiert wird, er ist auch ein Lostag für die Landwirtschaft, also ein Tag, an dem das Wetter von großer Bedeutung ist. Die Schafkälte sollte um diesen Tag herum zu Ende sein, sodass die Erntesaison eingeläutet werden kann. Zahlreiche Bauernregeln beziehen sich auf den Johannistag.

Ganz traditionell: die Prozession

Gerade in den katholischen Landstrichen finden während der Sommermonate Prozessionen statt. Besonders schön anzuschauen sind dabei Seeprozessionen. Am Staffelsee in Bayern gibt es eine

Fronleichnamsprozession, die zunächst durch den wunderbar geschmückten Ort Seehausen zieht. Traditionell werden auf den Straßen Blütenteppiche mit christlichen Symbolen ausgelegt. Von dort geht es weiter zur Anlegestelle am See. Dort liegt eine mit Blumengirlanden und jungen Birken geschmückte Fähre, die den Priester mit Allerheiligstem, die Fahnenabordnungen, den Kirchenchor und die Blasmusik über den See zur Jakobsinsel bringt. Begleitet wird das Schiff von vielen kleinen, ebenfalls geschmückten Booten der Prozessionsteilnehmer. Vor der weiß-blauen Bergkulisse ein Sommerbild wie gemalt. Bei der Rückkehr predigt der Pfarrer noch einmal in Ufernähe für alle Zuschauer, die nicht mit den Booten mitfahren konnten. Gerade bei Prozessionen kann man gut erspüren, wie wichtig der Sommer, diese schönste aller Jahreszeiten, schon immer für die Menschen war. Ein guter Sommer sicherte, Dank voller Kornkammern, ein ordentliches Auskommen im Winter, ein schlechter Sommer war eine echte Katastrophe, weil der Mangel im Winter absehbar war.

Schwimmende Fischer

Ein Fest, das es fast überall gibt, ist das Fischerstechen. Dabei treten immer zwei Mannschaften auf Booten gegeneinander an. Ziel ist es, die Mitglieder der gegnerischen Mannschaft mit Hilfe von Speeren ins Wasser zu stoßen. Das ist gar nicht so einfach, weil der Speer 2,80 m lang ist und auf dem wackelnden Boot nur schwer stabilisiert werden kann. Als Rahmenprogramm um das Fischerstechen werden meist traditionelle Tänze aufgeführt. Das berühmteste Fischerstechen ist das in Ulm, aber auch um Ulm herum, sprich im gesamten deutschsprachigen Raum und z. B. auch in Frankreich finden diese Veranstaltungen statt. Gerade sie sind ein Indiz dafür, dass der Sommer seinen Höhepunkt erreicht hat. Nur wenn es wirklich warm ist, ist das Fischerstechen eine lustige Angelegenheit.

Ob kirchliche oder weltliche Feste – im Sommer kann auch ein spontaner Besuch zu einem unvergesslichen Erlebnis werden. Einfach Tische und Stühle vor die Türe stellen und den lieben Gott einen guten Mann sein lassen.

Das Picknick

... ein schönes Vergnügen

Feste, die von langer Hand geplant werden, sind natürlich eine schöne Möglichkeit, um Menschen zu treffen, aber es geht auch ganz unkompliziert: Heute ist das Wetter schön, heute treffen wir uns und ziehen bewaffnet mit ein bisschen Essen hinaus ins Grüne.

So war's früher

Gemeinsames Essen im Freien gibt es schon seit der Antike. Sowohl Griechen als auch Römer hatten einen Begriff dafür: Die einen nannten es Eranos, die anderen Prandium. Gezwungenermaßen mussten

Reisende im Mittelalter im Freien speisen und diejenigen, die in der Landwirtschaft arbeiten, unterbrechen bis heute ihre Arbeit auf dem Feld für eine Essenspause. Richtig populär wurde das Sommervergnügen während des Barock, vor allem in Frankreich. Vorbild waren wohl die Jagdgesellschaften, die in der Natur speisten.
Die früheste bekannte Schilderung findet sich im Decamerone von Giovanni Boccaccio. Weitere berühmte Vorreiter des Picknick sind Oliver Cromwell, der sich 1654 ein Dinner im Hyde Park servieren ließ, und Samuel Pepys, ein englischer Autor, der regelmäßig bei Bootsfahrten auf der Themse aß. Ebenfalls gerne im Freien gegessen hat Queen Victoria. Da wundert es einen nicht, dass der klassische Picknick-Korb, zu dem neben dem Essen auch eine Decke, Geschirr und Besteck gehören, in Großbritannien erfunden wurde.

Volkssport „Picknicken"

Bis heute ist das Picknick bei den Briten beliebt. Und das zieht sich durch alle Gesellschaftsschichten, um nicht zu sagen, das Picknick ist dort oft auch ein gesellschaftliches Ereignis. Während des Pferderennens von Ascot vertilgen die Outdoor-Esser fast sieben Tonnen Lachs, fünf Tonnen Erdbeeren und trinken dazu 150 000 Flaschen Champagner und 100 000 Flaschen Wein. Eine andere typisch englische Beschäftigung, das Cricketspiel, das sich dank undurchschaubarer Regeln oft sehr lange hinziehen kann, schreibt eine 20-minütige Freiluft-Teepause mit Imbiss sogar vor.

Wenn die Kirschen blühen

Auch die Japaner haben das Erlebnis Outdoor-Mahlzeit für sich entdeckt. Im Frühjahr, wenn die Kirschblüten in voller Pracht aufgehen, dann lagern sie sich unter den Bäumen auf ihre Decken und lassen die Blütenblätter ganz stimmungsvoll auf sich herabrieseln. Sie nennen dieses Ereignis „pikunikku". Man sieht also, die Franzosen haben sich mit ihrem Begriff für die Mahlzeit im Freien durchgesetzt. Bereits im 17. Jahrhundert prägten sie das Wort, das sich aus „piquer", aufpicken, und „nique", Kleinigkeit, zusammensetzt.

Ein Großstädter in freier Natur

Christian Morgenstern hat in einem wunderbaren Gedicht beschrieben, was dem nervösen Großstadtmenschen zustoßen kann, begibt er sich in die freie Natur. Da lauert Getier aller Orten, die Sonne brennt erbarmungslos vom Himmel und auf der Haut bilden sich nach kurzer Zeit Pusteln. Man weiß nicht so genau, ob man auf die Sonne oder etwa die Gräser reagiert. Was sagt einem all das? Damit ein Picknick wirklich Spaß macht, muss es gut vorbereitet werden.

Korb, Rucksack oder Fahrradtasche

Der Picknick-Korb ist das klassische Accessoire für eine Mahlzeit im Freien. Die Körbe gibt es in jeder Ausführung. Man kann sie unbefüllt erwerben oder aber komplett ausgestattet für zwei bis vier Personen. Ist der Korb erst einmal mit Essen und Getränken angefüllt, dann lässt er sich kaum mehr schleppen. Versteht man unter Picknick also einen Cabrio-Ausflug an einen romantischen Platz, an dem der Kofferraum geöffnet und der Korb maximal 15 Meter über die Wiese getragen wird, dann ist man damit gut beraten.

Für alle, die sich beim Picknicken etwas weiter von der Zivilisation entfernen wollen, sind Picknick-Rucksäcke geeignet. Der große Vorteil der Rucksäcke: Sie sind aus isolierendem Material, funktionieren also wie eine Kühltasche. Aus dem gleichen leichten Material gibt es tragbare Weinkühler für eine bis sechs Flaschen und Thermo-Schutzhüllen für den Nachmittagskaffee. Und für alle, die am liebsten mit dem Drahtesel die Natur erobern, gibt es Fahrrad-Picknicktaschen. Auch sie haben immer ein voll isoliertes Fach, in dem empfindliche Speisen oder kühle Getränke untergebracht werden können. Getränke ist überhaupt ein gutes Stichwort: Häufig unterschätzt man, wie viel Flüssigkeit man an einem warmen Sommertag braucht. Es ist also sinnvoll, den Getränkebedarf großzügig auszulegen.

Oh je, wer soll das alles nur schleppen? Für Getränke gibt es deshalb isolierte Trolleys, die bis zu zwölf Flaschen aufnehmen und die man problemlos hinter sich herziehen kann.

Tatsächlich ist das Schleppen des Essenskorbs die wohl anstrengendste Sache an einem Picknick. Wer genügend Decken, Mückenschutz und Schirme dabei hat, kann mühelos den Tag verpicknicken.

Philan-
tropisch
zur Hochzeit

Ein nervöser Mensch
auf einer Wiese
wäre besser ohne sie daran;
darum seh' er, wie er ohne diese
(meistens mindestens) leben
kann.

Kaum dass er gelegt sich auf
die Gräser,
naht der Ameis, Heuschreck,
Mück und Wurm,
naht der Tausendfuß und
Ohrenbläser,
und die Hummel ruft zum
Sturm.

Ein nervöser Mensch
auf einer Wiese
tut drum besser, wieder
aufzustehn
und dafür in andre Paradiese
(beispielshalber: weg) zu gehn.

Christian Morgenstern

Das gehört auch noch dazu

Eine Picknickdecke ist zwingend notwendig und zwar eine richtige, die auf einer Seite isoliert. Denn gerade wenn das Picknick sich in die Abenddämmerung hineinzieht oder es die Tage zuvor ausgiebig geregnet hat, sitzt man schnell im Feuchten und das ist mehr als unangenehm. Eine Hängematte für ein kleines Nickerchen bereitet große Freude, allerdings sind die Modelle leider voluminös und müssen von einem Freiwilligen getragen werden. (Der darf sie dann als erster nutzen.)

Besser mit Sonnenschutz

Natürlich müssen alle Picknickteilnehmer gut eingecremt werden. Aber auch bei der Platzwahl sollte man darauf achten, dass Schattenflächen zur Verfügung stehen und man nicht das gesamte Picknick in praller Sonne verbringt. Hilfreich sind kleine Sonnensegel oder -schirme, gerade um Kinder zu schützen. Aus leichten Leinentüchern, Zeltstangen und ein paar Seilen kann man im Handumdrehen einen provisorischen Sonnenschutz bauen. Mückenschutz darf auf keinen Fall vergessen werden und es empfiehlt sich, ihn sofort aufzutragen, auch wenn es zunächst so aussieht, als ob keine Tierchen unterwegs wären.

Wie viele sollen es denn sein?

Ein Picknick macht dann richtig Spaß, wenn mehrere Familien zusammenkommen. Die Kinder können spielen, die Erwachsenen lassen in der Natur ihre Seele baumeln. So wird aus einem

Sommertag ein verzauberter Tag. Am geschicktesten ist es, die Verpflegung aufzuteilen. Jeder bringt das mit, was er gerne mag und dann wird wild im Reigen getauscht. Aus fremden Töpfen schmeckt es ja bekanntlich immer besser. Denn die Verpflegung in freier Natur von mehr als sechs Personen kann auch bei guter Picknickausrüstung kaum mehr bewerkstelligt werden.

Ein grünes Blatt

Ein Blatt aus sommerlichen Tagen,
Ich nahm es so im Wandern mit,
Auf dass es einst mir möge sagen,
Wie laut die Nachtigall geschlagen,
Wie grün der Wald, den ich durchschritt.

Theodor Storm

Freiluftrezepte ...

... das hält auch bei Hitze

Hitze und Feuchtigkeit mögen nicht alle Gerichte gerne, die man zu einem Picknick mitnehmen möchte. Deshalb empfehlen sich einige Klassiker: zum Beispiel Nudelsalat! Der mit der richtigen Rezeptur ein echter Leckerbissen sein kann.

Farfalle

mit Bohnen und Feta

■ Wenn man die Paprika und Lauchzwiebeln kurz in Olivenöl anbrät, die Bohnen dazugibt, das ganze würzt, können die Farfalle auch als warmes Gericht serviert werden. Der Feta kann ganz am Schluss darübergegeben werden.

■ 250 g Farfalle (Schmetterlingsnudeln) • 1 rote Paprika • 1 Dose weiße Bohnen • 100 g Feta • 1/2 Bund Lauchzwiebeln • Salz, Pfeffer • Zucker • süßsaure Asiasoße • Olivenöl • weißer Balsamico-Essig

■ Die Farfalle in kochendem Salzwasser bissfest garen. In der Zwischenzeit die Paprika waschen und in feine Streifens schneiden.

■ Die Lauchzwiebeln in feine Ringe schneiden. Die Dosenbohnen in ein Sieb füllen und einmal mit kaltem Wasser abbrausen.

■ Für die Marinade Balsamico-Essig, Olivenöl, Salz, Pfeffer, Zucker und süßsaure Asiasoße vermengen – je nach Geschmack mehr oder weniger säuerlich.

■ Den Feta in kleine Würfel schneiden. Die lauwarmen Farfalle, die Paprika und Lauchzwiebeln, Bohnen und Feta in einer Schüssel vermengen. Kurz vor dem Servieren die Marinade darüber geben.

Der Grillabend

... beliebter denn je

Gemeinsam mit Freunden kochen, das ist schon in der kalten Jahreszeit ein schönes Erlebnis. Noch beeindruckender wird es, wenn man dieses Event an einem Sommertag nach draußen verlagern kann. Grillen macht einfach Spaß. Schon unsere Vorfahren saßen in großen Runden um das offene Feuer, vielleicht steckt dieses Gemeinschaftserlebnis immer noch tief in unserem Unterbewusstsein. Unbestreitbar ist, dass wir alle magisch von offenen Feuerstellen angezogen werden.

■ Grillen eine reine Männerdomaine? Muss nicht sein – vor allem rein vegetarisches Grillgut steht bei den Grillmeisterinnen hoch im Kurs. Köstlich dazu Dipps aus Sauerrahm, Zaziki und Honig-Chilli-Mischungen.

■ Gas oder Kohle – da scheiden sich die Geister

Für die einen gehört das Hantieren mit Zündhölzern unbedingt zum Grillen, die anderen schwören auf den komfortablen Knopfdruck. Beide Methoden haben ihre Vorteile. Und ein Vorurteil, das dem Gasgrill entgegengebracht wird, kann hier ausgeräumt werden: Häufig wird behauptet, Grillgut, das auf Holzkohle zubereitet wird, schmeckt besser. Dem ist nicht so. 2004 wurde in Dänemark ein Geschmackstest durchgeführt, bei dem der Gasgrill um 0,4 Punkte von gesamt 10 möglichen vorne lag. Der Ausgang war also denkbar knapp und zeigt, wie ähnlich der Geschmack bei den beiden Techniken ist. Das schöne an der klassischen Methode ist, dass das Anzünden des Grills fast wie eine rituelle Handlung vonstattengeht. Meist versammelt sich eine Gruppe um den Grill, die darüber fachsimpelt, ob man besser kunstvoll die Kohle aufschichtet oder einen Anzündkamin verwendet. Wichtig ist, dass man soviel Kohle anfeuert, dass maximal zwei Drittel der Grillfläche damit bedeckt werden. Auf dem letzen Drittel kann das Grillgut, das fast fertig ist, ruhen. Beim Gasgrill wird das archaische Feuerentfachen ersetzt durch einen Druck auf den Knopf. Bereits nach zehn Minuten ist es dann soweit, das Grillgut kann aufgelegt werden. Für echte Gourmets ist der Gasgrill eine Offenbarung: Die Temperatur lässt sich darauf ganz exakt regulieren, sodass die Zubereitung der Lebensmittel schonend vonstattengeht. Um mit diesem Grill den typischen Grillgeschmack zu erzielen werden heute Aromaschienen eingesetzt, auf die das Fett und der Saft tropfen, um dann wieder zu verdampfen.

Was kommt auf den Grill?

Früher war Grillen eine fleischlastige Angelegenheit. Würstchen, Bauchspeck, Halsgrat wurden über der glühenden Kohle möglichst knusprig gebraten und mit Unmengen Bier immer wieder

Die wichtigsten Regeln

- Zum Anheizen dürfen ausschließlich spezielle Grillanzünder verwendet werden.
- Das Grillgut erst auf den Grill legen, wenn er wirklich die richtige Temperatur hat, das heißt, wenn die Kohle von einer grauen Ascheschicht überzogen ist.
- Eingeöltes oder mariniertes Grillgut gut abtupfen, bevor es auf den Grill gelegt wird, damit sich keine Flammen bilden.
- Der Rost muss richtig heiß sein, bevor das Grillgut aufgelegt wird, sonst klebt es fest.
- Nur die Menge auflegen, die gegessen wird. Alles, was zu lange auf dem Grill liegt, wird trocken oder zäh.
- Das Grillgut genau einmal wenden. Nur so kommt es zur Karamellisierung, durch die das Gegrillte seinen speziellen Geschmack erhält.

abgelöscht. Heute zaubern die Grillmeister raffinierte leichte Dinge, Tomaten mit Feta und Olivenöl in Alufolie geschmort, gegrilltes Gemüse, Scampispieße und selbst Nachspeisen werden auf dem Grill gefertigt. Woher kommt's? Zum einen nutzen Kochbuchverlage und Kochzeitschriften jeden Grillsommer, um neue raffinierte Rezepte zu entwickeln. Aber auch die Grillgeräte haben sich so sehr verbessert, dass einer schonenden Zubereitung der Speisen nichts mehr im Weg steht. Kombiniert wird direktes mit indirektem Grillen, es wird bei niedriger Temperatur im verschließbaren Grill geräuchert oder im Grillwok Asiatisches zubereitet. Egal, ob Fleischesser, Vegetarier oder Veganer, alle können am Grillvergnügen teilhaben.

Das Grillen von Scampis ist eigentlich keine Kunst – die wahre Herausforderung ist, die kleinen Tierchen nicht zäh und trocken werden zu lassen.

Scampi
mit Salsa

■ Pro Person 5 Scampi • 2 Knoblauchzehen • Olivenöl • Salz • Zitrone

■ Für die Soße

Aprikosenchutney (Rezept s. S. 27) • Ketchup • Honig • Salz • eingelegter grüner Pfeffer • Currypulver

■ Die Scampi waschen, abtupfen und mit Zitronensaft beträufeln. Knoblauchzehen schälen und fein hacken. Olivenöl, Salz, Knoblauch in einer Schüssel mischen und die Scampi darin wenden.

■ In der Zwischenzeit Chutney, Ketchup, Honig, Salz, einige eingelegte grüne Pfefferkörner und das Currypulver zu einer sämigen Soße verrühren. Je nach Geschmack mit Zitronensaft oder etwas süßer Sojasoße abschmecken.

■ Die Scampi auf dem heißen Grill (Achtung: dünnmaschigen Grillrost verwenden) ca. 4 Minuten von beiden Seiten braten, dann herausnehmen, auf heißen Tellern anrichten und mit der Soße servieren.

Ein Kaffeekränzchen

… natürlich im Grünen

Das Schattenspiel des Laubs spiegelt sich in den Kaffeetassen wider, Bienen und Hummeln umschwirren die Kuchen, die gut geschützt unter Glocken liegen und im Weinkühler lagert ein prickelndes Getränk. So stellt man sich ein gelungenes Kaffeekränzchen vor. Schon immer galt der Kaffee als ein „den Geist stimulierendes" Genussmittel. Und es ist nicht verwunderlich, dass es in ganz Europa seit dem 19. Jahrhundert berühmte Kaffeehäuser gibt, die Orte der Geselligkeit waren und sind, Künstlern als Forum dienten, Einzelgänger, Müßiggänger und Kontaktfreudige anzogen und -ziehen.

Bevor die Gäste kommen

Gerade bei einer Kaffeetafel, auf der auch Süßes steht, ist es wichtig, Bienen und Wespen fernzuhalten, will man unkontrolliertes Umsichschlagen der Gäste verhindern. Am besten hängt man in die Zweige rund um den Tisch ein paar Fallen. Sie sind schnell aus Gläsern gemacht, die zu einem Viertel mit einer Zucker-Essigwasser-Mischung befüllt werden. Dann werden sie mit Klarsichtfolie überzogen, in deren Mitte ein Loch gebohrt wird. Mit Draht umwindet man das Glas und formt einen Bügel daraus, an dem die Fallen aufgehängt werden können. Je näher die Fallen am Tisch platziert werden, desto wirkungsvoller sind sie. Und die Tiere können später, sobald der Tisch abgedeckt ist, wieder freigelassen werden.

Was die Gäste tun sollten

Wachsen Beeren im Garten, die bereits reif sind, dann macht es riesigen Spaß mit den Gästen und einer Schüssel loszuziehen und die Beeren einzusammeln. Nichts schmeckt himmlischer zu Kaffee als frische Beeren auf Mürbteigtörtchen, gekrönt von steifgeschlagener Vanillesahne.
Ernten können die Gäste auch Obst, Äpfel, Birnen oder Pflaumen. Schnell ist daraus ein Kompott zubereitet, das dann lauwarm zu frischen Waffeln gereicht wird. Und den Teilnehmern des Kaffeekränzchens schmeckt die eigene Ernte sicher um einiges besser, als ein noch so liebevoll zubereiteter Kuchen. Außerdem brechen gemeinsame Aktivitäten wie diese sofort das Eis zwischen Gästen, die sich noch nicht so gut kennen.

Getränkealternativen

Natürlich gibt es Kaffee zu einem Kaffeekränzchen. Ist es aber ein richtig heißer flirrender Sommertag, dann ist der Kaffeedurst meist nicht so ausgeprägt. Der Körper lechzt nach Abkühlung. Eiskaffee ist der Klassiker für warme Tage und schmeckt am besten wenn der Kaffee

nicht eiskalt ist, sondern lauwarm über ein Moccaeis gegossen wird. Diese Variante macht aus dem Klassiker einen Gourmetkaffee. Fantastisch schmeckt auch Espresso, der je nach Geschmack gesüßt und heiß in eine Tasse mit drei oder vier Eiswürfeln gegossen wird. Schnell getrunken erfrischt er den Geist und macht trotz sommerlicher Hitze wach.
Eistee ist immer ein Sommerhit. Egal, ob der Tee mit Pfirsichen, Zitrusfrüchten oder Minze aromatisiert wird, er löscht den Durst. Wird er in einer Glaskaraffe gereicht und mit ein paar schwimmenden essbaren Blüten verziert, dann zaubert er Sommer pur auf den Tisch.

Die Tafel selbst

Der Kaffeetisch kann natürlich hochoffiziell gedeckt werden, schöner ist es aber, wenn er leicht und spielerisch das Thema „im Freien genießen“ aufnimmt.

Einfache Garten- oder Wiesenblumen in leer getrunkenen, dickbauchigen Limoflaschen und ein aus Eis selbst geformter Flaschenkühler mit eingefrorenen Blüten oder dekorativen Beeren zeigen, hier geht es sommerlich leger zu. Mischt man dann noch verschiedene Kaffeegedecke, überträgt sich garantiert die fröhliche Grundstimmung des Tischs auf die Gäste.

■ Die Erdbeertorte von S. 22 kann auch in Form von vielen Minitörtchen hergestellt werden. Das sieht nicht nur niedlich aus, sondern spart lästiges Kuchen-auseinanderschneiden. Und so manche Blume kann sowohl als Deko als auch als Naschwerk dienen.

Früchtchen

… die zum Kaffee schmecken

Kirschzeiten muss man nutzen – zu kurz dauert bei uns die Kirschsaison! Ob als Kuchen, Kompott oder frisch, Kirschen sind die Sommerfrüchte schlechthin!

■ Tartes sind dank des dünnen Teigs fruchtig und leicht bekömmlich.

Kirschtarte

hauchzart

■ Für den Teig
200 g Weizenmehl • 1 Pck. Trockenhefe • 125 ml Milch • 30 g Butter • 30 g Zucker • 1 Pck. Vanillezucker • 1 Prise Salz • etwas Butter für die Kuchenform
■ Für den Belag
500 g entsteinte Kirschen • 1 Pck. Vanillezucker • 4 EL Zucker • 4 Eier • 250 g Sahne

■ Die Milch erwärmen und die Butter darin zerlassen.

■ Das Mehl mit der Trockenhefe mischen, das Milch-Butter-Gemisch, den Zucker, Vanillezucker und eine Prise Salz dazugeben und mit dem Knethaken zu einem glatten Teig verarbeiten. Danach den Teig an einer warmen Stelle gehen lassen, bis er sich verdoppelt hat.

■ Eine Springform (Ø ca. 30 cm) einfetten. Den Ofen auf 180 °C vorheizen. Den Teig noch einmal kurz durchkneten und auf einer bemehlten Arbeitsfläche ausrollen. Dann in die Springform legen und die Seiten etwas hochziehen. Die Kirschen darauf verteilen.

■ Nun den Vanillezucker mit dem Zucker, den Eiern und der Sahne verquirlen und über die Kirschen gießen.

■ Die Tarte auf der untersten Schiene im vorgeheizten Backofen 40 Minuten backen.

Gastfreundliche Gärten

… im Grünen gedeihen Freundschaften

Ein Garten, der gut einsehbar ist und keinerlei Rückzugsmöglichkeiten bietet, wird als ungemütlich empfunden. Der perfekte Gastgarten ist einer mit lauschigen Plätzchen, die, sofern es die Größe des Gartens erlaubt, nicht einsehbar sind. Man biegt um eine Ecke und entdeckt eine verwunschene Bank, man sitzt auf einem Holzdeck und kann die Füße in den Gartenteich baumeln lassen, man findet schlicht und einfach einen Rückzugsort, um den Sommer in vollen Zügen zu genießen.

■ Wer seinen Gartengästen etwas Gutes tun möchte, legt für kühlere Stunden kleine Decken bereit. Auch ein kleiner Vorrat Mückenschutzmittel, Fliegenhauben und Deckelchen zum Abdecken der Gläser können nicht schaden.

■ Sicht- und Sonnenschutz

Rückzug heißt auch, nicht gesehen zu werden. Solche stillen Plätze müssen nicht dauerhaft im Garten angelegt sein, man kann sie schnell und ohne großen Aufwand einrichten. Wird der Garten von der Straße oder von den Nachbarhäusern eingesehen, dann langt es, wenn Sie eine lange Stoffbahn zwischen zwei Stäben aufspannen oder sie auf eine Wäscheleine klammern. Ein bunt gestreifter oder floraler Stoff signalisiert sofort Sommer.
Noch schneller schafft man einen Sichtschutz mit einem Paravent. Mittlerweile gibt es wetterfeste Paravents, die man den Sommer über einfach stehen lassen kann. Man kann aber auch temporär ein einfaches Paravent-Holzgestell einsetzen. Der Vorteil so eines Gestells: Je nach Lust und Laune bzw. Partymotto kann man es mit Stoffen beziehen.

Außerdem kann so ein Paravent, da er leicht zu transportieren ist, an ganz verschiedenen Stellen eingesetzt werden.

Verbesserungen

Gibt es bereits einen Sichtschutz, z. B. eine Pergola, dann kann man diese mit Hilfe von Stoffbahnen ausbauen zu einem komfortablen Sonnen- und Sichtschutz. Sie können die Stoffbahnen wie Sonnensegel unter die Deckenbalken der Pergola spannen. Leichtere Regenschauer, Tau oder starker Sonnenschein werden so abgehalten und die Gäste bzw. ihre Teller sind geschützt vor herabrieselnden Blüten und Blättern.

Leere, gewaschene Konservengläser, gefüllt mit farbigem Sand und Duftkerzen, sind im Garten eine gute Alternative zu teuren Beleuchtungssystemen.

Gartenhaus mal anders

Gartenhäuser fristen ein trauriges Dasein. Meist an den Rand des Gartens gequetscht werden sie mit Gerätschaften, kaputtem Kinderspielzeug und platten Fahrrädern befüllt. Wo doch Gartenhäuser zu den lauschigsten Plätzen im Garten gehören. Selbst coole Einrichtungsläden wie das Magazin, bieten Gartenlauben möbliert und unmöbliert an, weil sich dem Reiz eines einfachen Holzhäuschens kein Besucher entziehen kann. Also, Entrümpeln ist angesagt! Mit ein paar schönen mediterranen Töpfen vor dem Häuschen und romantischer Kerzenbeleuchtung innen wird das Gartenhaus zum Mittelpunkt jeder Festlichkeit. Vor allen Dingen können die Gäste im Häuschen unbeschwert ein Gewitter über sich hinwegziehen lassen oder einen Platzregen aussitzen.

Plätze am Wasser

Schön und bei allen Gästen beliebt sind Plätze am Wasser. Wasser muss nicht gleichbedeutend sein mit einem großen Gartenteich. Wasser kann auch nur ein kleiner Brunnen sein, der still vergnügt vor sich hin plätschert. Platziert man daneben ein paar Stühle, sodass die Gäste mit der Hand durchs Wasser streichen können, dann wird dieser Ort im Garten eine magische Anziehungskraft entfalten. Noch attraktiver sind natürlich Plätze an einem kleinen Teich. Wichtig ist es, den Platz so zu gestalten, dass Flora und Fauna nicht von den Gästen niedergetrampelt werden. Mit Terrassendielen aus Holz kann man temporäre Sitzplätze gestalten, immer dort, wo es im Garten gerade am schönsten ist.

Gerade ein Stühlemischmasch macht den Charme einer bunt gewürfelten Sommertafel aus. Kissen, Tischdecken, farbiges Geschirr setzen Akzente in der Dämmerung.

Nicht nur gerade Wege

Wichtig ist es für die Gäste, dass sie auf Wegen durch den Garten geführt werden, die weder Stolperfallen enthalten noch zum Hindernislauf werden. Reizvoll ist es, wenn der Gast nicht gleich beim Betreten der Terrasse alle Plätze einsehen kann. Sieht er Wege, die für ihn erst einmal an ein optisches Hindernis heranführen, an ein Büschel Solitärgras, einen Busch, oder die sich um eine Kurve winden, dann weckt das sein Interesse. Gerade in

kleinen Gärten schaffen diese optischen Tricks noch dazu Weite. Man meint hinter dem Busch geht es unendlich weiter, weil man eben nicht weiß, dass dort nur eine lauschige Bank an der Gartenmauer steht.

Welche Leuchte ?

- Haustür oder Terrasse: Wandleuchten
- Treppen und Wege: Sockel- und Pollerleuchten
- Vegetation: Strahler mit Erdspieß oder Klemme
- Grundsätzlich sollten immer ortsfeste und mobile Leuchten gemischt werden, denn die Lichtanforderungen ändern sich je nach Feierlichkeit, aber auch je nach Jahreszeit.

Es werde Licht

Damit Gäste und Gastgeber sicher zu den Toiletten, ins Haus oder von Sitzplatz zu Sitzplatz gelangen sollten die Gartenwege gut ausgeleuchtet sein. Das heißt nicht, dass dort festinstallierte Lichtquellen stehen müssen, genauso gut können mobile Lampen, z. B. Spieße, eingesetzt werden. Beleuchtet werden müssen alle Gefahrenquellen und Stolperschwellen und zwar so, dass Bodenbeschaffenheit und Niveauunterschiede gut erkennbar sind. Das erreicht man mit gleichmäßigem Licht ohne zu starke Hell-Dunkel-Kontraste. Starke Kontraste „verschlucken" die Gefahrenquellen.

Der Garten als Bühne

Gerade im Sommer ermöglicht es ein gutes Beleuchtungskonzept, den Garten bis spät in die Nacht hinein und für Feste zu nutzen. Der Garten kann mit Licht aus mobilen Spießen wie ein Bühnenbild gestaltet werden. Durch die umgebende Dunkelheit lösen sich seine Grenzen auf, sodass einzelne Ziergrashorste oder Büsche von unten angestrahlt wirken, als ob sie auf einer unendlichen Fläche stehen. Schön sieht auch ein von unten beleuchteter Laubbaum aus, der sich wie ein Scherenschnitt vor den dunklen Nachthimmel stellt. Bezaubernde Effekte erzielt man mit Lichtschläuchen. Sie können den

Rasenrand hervorheben oder sich entlang einer Dachkante ziehen. Die Wirkung von Lichterketten in Bäumen wird noch verstärkt, wenn man dazwischen Glasprismen in die Äste hängt.

Sitzplätze illuminieren

Gerade am Sitzplatz ist es wichtig, sensibel mit dem Thema Licht umzugehen. Sitzplätze sollten nie direkt beleuchtet werden. Direktes Licht blendet immer mindestens einen aus der Gästerunde. Indirekte Beleuchtung heißt die Lösung: Die Lichtquellen können in den Garten hinein strahlen und dort einzelne Dinge hervorheben. Wichtig ist es, dass die Leuchtmittel stark genug sind, um dann auch noch den Tisch indirekt zu beleuchten. Gut geeignet sind z. B. an einer Wand neben der Terrasse Lampen, die direkt nach oben und unten abstrahlen. Besonders effektvoll kann man Sitzplätze beleuchten, die sich am Wasser befinden. Zum einen gibt es Unterwasserscheinwerfer, deren Lichtausbeute auch noch Tisch und Gäste in ein geheimnisvolles Licht taucht. Aber auch Scheinwerfer, die knapp über die Wasseroberfläche strahlen und jede kleine Wasserbewegung in Szene setzen, verzaubern die Gäste. Will man es ganz stimmungsvoll, dann kann man schwimmende Lampen einsetzen. Sie gibt es als durchsichtige oder transluzente Kugeln, die wie Monde über die Wasseroberfläche schweben. Da es Solarleuchten sind, ist ihre Lichtausbeute gering, trotzdem verbreiten sie eine zauberhafte Stimmung.

Mit Windlichtern trotzt man nicht nur den lauen Lüftchen, sondern schützt auch Tische vor Wachsflecken.

Tischlein deck dich

... zwischen Blüten und Geäst

Leider deckt sich nur im Märchen der Tisch ganz von alleine. Aber was heißt da leider, Tischdecken macht richtig Spaß, vorausgesetzt, man hat ein Konzept im Kopf. Am besten überlegt man sich als Erstes, in welcher Farbwelt man sich bewegen möchte. Edel und schön sieht es immer aus, wenn man sich auf eine Farbe beschränkt und sie in verschiedenen Abstufungen einsetzt. Andererseits ist der Sommer natürlich eine überbordende Jahreszeit, die vor Farben nur so strotzt. Wählt man ein paar Blüten, z. B. Rosen oder Wiesenblumen aus, die man für Dekorationszwecke einsetzt, dann sollten sich die restlichen Utensilien an den Farben der Blüten orientieren.

Es müssen nicht immer Tische sein, auch umgestürzte Bäume, quer gelegte Bretter oder Baumstümpfe können bei einer Gartenparty als Abstellfläche dienen.

Nicht zu viel Farbe

Gerade wenn man bei der Dekoration auf Farbe setzt, dann dürfen Gläser und Geschirr zurückhaltend sein und nicht auch noch durch auffallende Muster optisch nach vorne drängen. Schöner ist es, diese simplen Gegenstände mit passenden Blüten zu schmücken. Legen Sie einfach auf jeden Teller eine und schon wirkt das Geschirr wie von Meissner Porzellanmalern gestaltet.

Welche Dekoration soll es sein?

Die Blumendekoration auf den Tischen darf nicht zu hoch sein. Sieht man vor lauter Blumenbukett sein Gegenüber nicht mehr, dann wird es schwierig mit der Konversation. Zu Sommerblumen sehen Flaschen in verschiedenen Größen toll aus. Am besten man sammelt im Vorfeld ein bisschen. Viele kleine Glasflaschen mit Sommerblumen lassen sich z. B. wie ein Blumenband über den Tisch arrangieren. Das sieht hübsch aus und zaubert die Wiese auf den Tisch. Beeindruckend wirken einzelne große Blüten, z. B. von Pfingstrosen oder Rosen, die in Glasschalen schwimmen. Mittlerweile gibt es Schwimmkerzen in allen erdenklichen Blütenformen. Setzt man passende Kerzen neben die Blüte, dann ist das ein schönes Arrangement bei Tageslicht und in der Dämmerung ein faszinierendes Tischobjekt.
Ungewöhnlich und sehr schön sind Dekorationen aus Obst und Gemüse. Das Obst darf dann im Laufe des Abends von den Gästen gegessen werden und das Gemüse kann in den nächsten

Tagen verarbeitet werden. Gerade bei diesen Dekorationen kann man das Gartenthema in allen Facetten spielen. Ein einzelner Kohlkopf, neben dem ein schönes (natürlich) leeres Schneckenhaus liegt, hat oft mehr Wirkung als kunstvolle Floristenarrangements. Arbeitet man mit Obst, dann ist es sinnvoll, den Tisch entlang von breiten bunten Bändern zu dekorieren. So werden die einzelnen Teile, die auf dem Tisch liegen, optisch zusammengehalten. Stimmt die allgemeine Gartenbeleuchtung, dann kann man mit Kerzen in der Dämmerstunde für Stimmung sorgen. Hohe Stabkerzen sehen schön aus, sind aber manchmal etwas unpraktisch. Man muss aufpassen, dass sie nicht umfallen, gerade im Garten, wo der Tisch oft nicht fest steht, sind Unfälle vorprogrammiert. Will man nicht ständig Wachsflecken aus der Kleidung der Gäste bügeln, sollte man auf niedrige Kerzen oder Teelichter zurückgreifen. Stellt man die Kerzen in Gläser, muss man unbedingt auf eine gute Qualität achten, da das Glas sonst sehr schnell verrußt.

Ob rustikal, modern, barock oder mediterran – mit wenigen Handgriffen und einigen Utensilien lassen sich verschiedenste Gartenidyllen schaffen.

Ganz unkompliziert

… Freunde in der Wirtschaft treffen

Egal ob Sommerfest, Picknick oder Grillabend: Diese Zusammenkünfte sind immer mit Arbeit für einen oder eine Einladende verbunden. Verabredet man sich spontan mit Freunden in einer Wirtschaft, dann ist das wie ein geschenkter Abend im Urlaub. Man sitzt unter Kastanien oder an einer warmen Hauswand, plaudert, philosophiert und kann genießen, was die Wirtshausküche anbietet.

Es gibt solche und solche Wirtschaften

Eine der wunderbarsten Einrichtungen, um Freunde zu treffen, haben die Österreicher. Den Heurigen oder Buschenschank. Dort kann man in fröhlicher Runde zusammenkommen und Wein genießen. Dabei bietet die Wirtschaft immer auch ein Büffet an, das sich aus warmen und kalten Speisen zusammensetzt, sodass vom Aufstrichbrot bis hin zum Wiener Schnitzel kein rustikal-kulinarischer Wunsch offenbleibt. Man sitzt mit Gleichgesinnten in den Weinbergen, kann sich seinen Speiseplan frei zusammenstellen und genießt das süße Nichtstun. Ideal sind diese Lokale auch für Kinder. Meist gibt es einen großen Schankgarten in dem die Kleinen oft sogar Spielgeräte vorfinden.

Ganz ähnlich funktioniert der Biergarten, mit einer Ausnahme: Dort hört man nicht das leise klingen der Weingläser sondern das laute Prosten mit den Maßkrügen. Das kulinarische Angebot ist bei weitem nicht so ausgefeilt wie in einem Buschenschank, doch es findet sich bestimmt für die ganze Familie etwas. Das schöne am Biergarten ist ja auch, dass jeder seine Brotzeit selbst mitbringen kann. Besonderen Reiz strahlen Dorfwirtschaften aus: Wenn man als Städter in den Kleinkosmos Dorfwirtschaft einbricht, wird man zunächst einmal beäugt. Nach einer gewissen Anfangsskepsis ergeben sich aber häufig kurzweilige Gespräche mit den Stammtischlern. Man erfährt, wann das Feuerwehrfest ansteht, wann der nächste Trachtenumzug geplant ist und was besonders gut schmeckt. So wird die Runde der Freunde schnell erweitert.

Wohin solls denn gehen?

Will man mit einzelnen guten Freunden wirklich substanzielle Gespräche führen oder soll es ein lustiger und geselliger Abend werden, an dem auch Kinder Ihre Freude haben? Will man einen besonderen Ort besuchen oder einfach in der Nähe schnell zusammenkommen? Das gilt es zu überdenken bei der Auswahl einer Lokalität. Eines ist auf alle Fälle ganz gewiss. Es gibt nichts Schöneres als den Sommer mit guten Freunden zu feiern und man sollte das tun, so oft es einem möglich ist, denn wie sagt ein altes Sprichwort:

Wer nicht im Sommer sammelt ein, der wird im Winter dürftig sein.

Mit einer der beliebtesten Ausflüge im Sommer: Der Biergarten, Wirtsgarten, die Besenwirtschaft, das Beisel oder die Laubenwirtschaft. In jeder Region heißen Freiluftwirtschaften ein wenig anders. Der Effekt ist überall gleich. Fremde Menschen kommen miteinander ins Gespräch, mal mit, mal ohne mitgebrachte Speisen.

Zusammen die Natur erobern

Rauf auf den Drahtesel

… die Natur er„fahren“

Wenn morgens die Sonnenstrahlen durch den Rollladen spitzeln, fühlt es sich schon beim Aufwachen ganz wohlig an, selbst wenn der Wecker gefühlt zu früh klingelt. Denn man weiß: Es ist Sommer, es ist warm, die Natur lockt mit ihrer Schönheit, die Helligkeit gibt uns einen richtigen Energieschub. Was kann es Schöneres geben, als sich aufs Fahrrad zu schwingen, den Wind um die Nase wehen zu lassen, die noch klare morgendliche Sommerluft tief einzuatmen? Früher konnten die Menschen auf ihrem Pferd das Gefühl der Freiheit genießen. Doch heute, wenn wir Tag für Tag in unseren Autos zur Arbeit fahren und die Nerven spätestens bei der Parkplatzsuche blank liegen, stellt sich alles Mögliche ein, aber garantiert nicht das Gefühl von Lebensfreude und guter Laune. Also, Schluss damit!

■ Das sollten Sie wissen … Laut ADFC „macht Radfahren sexy“! Es schont nicht nur das Portemonnaie, es formt auch die Gesäßmuskeln.

■ Übrigens, der Allgemeine Deutsche Fahrrad-Club (ADFC) bietet allen Radel-Interessierten eine informative Homepage.

■ Ein toller Start in den Tag

Rauf auf den Drahtesel heißt die Devise. Besonders viel Spaß macht das natürlich, wenn es dabei auf eine Radeltour geht. Doch auch der Weg zur Arbeit kann so zu einem kleinen Erholungstrip werden. Und wenn die Strecke zu weit ist, dann einfach mal den Stadtplan rausholen und nachsehen, welche Wege es zur nächsten U- oder S-Bahn gibt. Man wird erstaunt sein, welch verschlungene kleinen Straßen, Feld- und Parkwege sich auftun, die zum Ziel führen und die man noch gar nicht

kennt. Man hört dann das Zwitschern der Feldlerche, sieht die bunten Farben der Wiesenblumen, riecht den erdigen Duft der Bäume und freut sich am Leben! Kann es einen besseren Start in den Tag geben?

Sich und den Drahtesel auf Trab bringen

Raus in die Natur – das geht natürlich am besten an freien Tagen und im Urlaub, wenn man Zeit hat und Familie und Freunde dabei sein können. Doch damit der Spaßaspekt nicht zu kurz kommt, sollte man vorab kurz überlegen, was man sich und seinem Drahtesel Gutes tun kann, damit der Ausflug wirk-

Wichtig

Für den Tagesausflug wie für den Fahrradurlaub sollten Sie dabei haben:

- bequeme Kleidung, am besten schnell trocknende Kunstfaser
- Regenjacke oder -cape
- Helm
- Schuhe mit festen Sohlen (Flipflops oder Riemchensandalen sind tabu)
- Sonnenmilch
- Sonnenbrille
- leichter Fleecepulli (nach einem Regenschauer oder abends kann es kühl werden)
- Dünne Handschuhe, für längere Fahrten auf schottrigem Untergrund
- Erste-Hilfe-Set mit Pflastern, wenn man mal vom Drahtesel abgeworfen wird

Und so sollte Ihr Drahtesel ausgerüstet sein:

- genügend Druck und Profil auf den Reifen
- griffige Bremsen
- funktionierendes Licht
- Flickzeug
- Halterung für Wasserflasche
- Gepäckträger, Fahrradkorb oder -tasche für längere Touren
- GPS-Gerät für den Lenker (wer auf Hightech nicht verzichten mag)

lich Spaß macht und den (Arbeits-)Alltag vergessen lässt. Nur so hat man die Augen, die Ohren und die Nase frei für all das Spannende, das da draußen in der Natur wartet.

Auf Touren kommen

Wer länger auf Radwanderschaft geht, kann in unzähligen Radtourenkarten sowie passender Literatur von diversen Verlagen recherchieren. Und das Internet hält allein unter dem Stichwort „Radtourenplaner" oder einem ähnlichen unzählige Homepages bereit. Hier kann so gut wie alles ausgekundschaftet werden: von bekannten Radwanderwegen, Radeltouren mit oder ohne Übernachtungsmöglichkeiten, bis hin zu richtigen Fahrrad-Hotels, kindertauglichen Touren, Fahrradrouten in Kombi mit Bahnfahrten, Fahrradvermietungen, Kulinaria am Wegesrand und Touren, die von A bis Z von speziellen Anbietern organisiert werden.

Tipps und Tricks mit und für Kids

Die Aussicht auf eine spannende Radeltour, womöglich sogar noch über mehrere Tage, lockt selbst die härtesten PC- und TV-Freaks unter den lieben Kleinen ans Sonnenlicht. Denn das verspricht ganz viel Spaß und Abwechslung (und natürlich viel Bewegung, viel frische Luft und eine aufregende Begegnung mit der Natur – aber all das muss man ja nicht zu sehr an die große Glocke hängen).

Badesee, Eisdiele & Co.

Damit der Radausflug dann aber nicht in mieser Laune endet, sollten einige Dinge vorab bedacht werden, vor allem bei Kindern, die bereits selbst Radfahren können. Die Strecke sollte möglichst wenig von Autos befahren sein, das überfordert Kinder sonst sehr schnell. Vorsicht bei Steigungen, das powert nicht nur Erwachsene aus, sondern auch kleine Menschen. Mit geübten 6- bis 7-jährigen Kindern kann man durchaus um die 30 Kilometer pro Tag fahren, aber dies muss vorsichtig getestet werden.
Kinder lieben Abwechslung, allerdings nicht so wie Erwachsene. Eine wunderschöne Landschaft ist in Kinderaugen nicht unbedingt der Hit. Der Besuch eines Badesees, einer Eisdiele, eines Wildtierparks oder ähnliches bieten echte Abwechslung.

Das schönste am Sommersport sind die schattigen Pausen. Genügend Trinkbares muss immer mit.

Checkliste für die Routenwahl

Damit Sie Ihre Radelroute gut planen können, hier ein paar helfende Fragen:

- Wie lange möchten Sie mit dem Rad unterwegs sein?
- Wie lange darf Ihre Tagesetappe dauern? Wie gut ist Ihre Kondition?
- Bevorzugen Sie eher Genuss-Radeln oder sind Sie sportlich ambitioniert?
- Möchten Sie von Ort zu Ort radeln oder von einem festen Standort aus starten?
- Planen Sie Übernachtungen und welchen Komfort erwarten Sie von dem Quartier? Einfache Pension oder schickes Radel-Hotel?
- Was soll Ihnen die Route bieten: Natur, Sehenswürdigkeiten, Städte, Kultur?
- Was ist Ihnen lieber: Eigen-Organisation oder Reiseveranstalter?
- Wer kommt alles mit?

Pause, Pause, Pause

Pausen müssen unbedingt häufig gemacht werden und es sollte immer genügend zu essen und vor allem zu trinken geben. Denn die Kleinen haben garantiert gerade dann Hunger, wenn weit und breit keine Wirtschaft zu finden ist. Rastplätze, Grillplätze, Spielplätze eigenen sich dafür hervorragend. Und wenn der clevere Erwachsene dann noch ein paar Spiele eingepackt hat wie Bälle, Frisbee, Federball, Seile, dann wird dies ein gelungener Ausflug für alle.

Von großen und von kleinen Radlern

Übrigens, Kinder wollen bei all diesen Aktivitäten ernst genommen werden. Also, warum bei der Planung nicht die kleinen Radler mit einbeziehen und nach ihren Wünschen fragen? Es versteht sich von selbst, dass auch der kleine Fahrradfahrer passend ausgerüstet ist was Kleidung, Helm und Schuhe anbelangt. Und auch das kleine Drahteselchen selbst bedarf der gleichen Wartung und Kontrolle wie die großen Zweiräder.

Wer Räder in S-Bahn oder Zug mitnimmt, kann den Radius seiner Fahrradausflüge unterhaltsam erweitern.

In die Pedale steigen!

Ob man sich nun nur für ein paar Stunden auf den Sattel schwingt oder mehrere Tage auf dem Drahtesel unterwegs ist – wer bewusst mit offenen Sinnen durch die Landschaft radelt, wird tief von der Natur berührt. Ja, vielleicht spürt man sogar sich selbst wieder richtig und intensiv. Da rüttelt mal der Wind am Lenker oder bietet echten Widerstand. Ein zarter Lufthauch trägt einen wunderbar leichten Blütenduft zu. Da prasselt mal der Regen ins Gesicht und kurz darauf kitzeln die Sonnenstrahlen die Haut. Und wer nicht zu sehr dem Geschwindigkeitsrausch verfällt, sieht wunderschöne Kompositionen von Farben und Formen – mal in Hülle und Fülle, mal reduziert und abstrakt. Und das wunderbar Schöne und Beruhigende daran ist: Diese Erlebnisse liegen direkt vor unserer Haustür. Wir müssen nur rausgehen!

Für unterwegs ...

... frisch belegt

In einer Alubox darf auch Quark und Frischkäse mit auf die Reise gehen. Verfeinert und gewürzt erfrischen solche Happen mit der Mischung aus Herzhaft und Süß.

Schaschlik

mit Brot

■ Frischhalteprofis kombinieren auf Ausflügen Aludosen und Kühlelemente, beides eingewickelt in Zeitungspapier. Praktisch: In das Zeitungspapier kann man später die Abfälle einwickeln und zu Hause entsorgen.

■ 500 g körniger Frischkäse (Hüttenkäse) • 2 EL Meerrettich • Salz • Pfeffer • 1 Handvoll Basilikumblätter • 6 Toastscheiben • 2 Birnen

■ Den Hüttenkäse salzen, pfeffern, mit Meerrettich abschmecken.

■ Die Toastscheiben im Toaster leicht anrösten.

■ 3 Scheiben Toast gleichmäßig mit dem Hüttenkäse bestreichen, die Basilikumblättchen darübergeben.

■ Die Birnen waschen und in feine Spalten schneiden und auf den Scheiben, die schon mit dem Hüttenkäse bestrichen sind, garnieren.

■ Mit den drei übrigen Toastscheiben bedecken und jedes Sandwich vierteln.

■ Die Häppchen auf Schaschlikstäbchen aufziehen und in Aluboxen verstauen. Beim Transport ein Kühlelement daneben legen.

Wiesen, Weiden, Felder

… immer einen Abstecher wert

Radeln, das heißt nicht nur bewegen, schnaufen und schwitzen. Das heißt auch Pause machen. Einfach mal auf eine kunterbunte Wiese legen, auf der es summt und brummt, und die Grashalme zwischen den nackten Zehen spüren. Oder auf eine einladende Bank am Rand einer Weide setzen, genüsslich in das Sandwich beißen und bewundern, was um einen herum so grünt und blüht.

Da sind unzählige wilde Blumen, Kräuter, Hecken und Sträucher. Und wenn wir mal ehrlich sind, was wissen wir über diese Pflanzen? Wer kennt wirklich noch über den Löwenzahn, das Gänseblümchen und den Wiesenklee hinaus die unzähligen Namen? Gewächse mit seltsamen Namen wie Guter Heinrich, Gewöhnlicher Beinwell, Dornige Hauhechel oder Teufelsabbiss rufen seltsame Assoziationen hervor.

Apotheke und Feinkost vor der Haustür

Es ist kaum zu glauben, doch auf einer intakten Wiese, entlang an Weidenrändern sowie in den Wäldern wächst direkt vor unserer Nase eine ganze Apotheke, mehr oder weniger leckeres Essen, aber auch hoch Giftiges. In früheren Jahrhunderten war das Wissen über diesen Reichtum ernorm groß.
Es schlug sich zum einem in der Nutzung all dieser Kräuter, Blumen und Sträucher in der Heilpflanzenkunde nieder, wie es u. a. Hildegard von Bingen (geboren ca. 1098, gestorben 17.9.1179) in unzähligen medizinischen Abhandlungen niedergeschrieben hat.
Wiesen, Felder und Wälder wurden aber auch auf der Suche nach Nutz- und Nahrungspflanzen durchstreift. Die Gewöhnliche Schafgarbe und das Wiesenschaumkraut sind gehackt als Gewürz für Suppen, Salate und Soßen verwendbar. Und wer eine echte Frankfurter Grüne Soße zubereiten möchte, der muss Sauerampfer pflücken gehen.
Doch auch zum Färben, Waschen und Putzen fanden viele Pflanzen ihren Einsatz.

Von Hexenwerk und Manneskraft

Bitte immer daran denken: Wer Wiesenglockenblumen pflückt, beschwört Gewitter und Blitzschlag herauf. Der gut duftende Wilde Majoran dagegen vertreibt zuverlässig lästige Hexen. Und der Echte Nelkenwurz wird nicht umsonst auch „Mannskraft“ genannt und ist eine wirksame Zutat für Liebestränke! Auf der Blumen- und Kräuterwiese weht uns immer ein zarter Hauch von Magie um die Nase. Da gibt es unzählige Sagen und Mythen über helfende Zauberpflanzen und gefährliche Hexenkräuter.

Wiesengaben

Herrlich, was eine wilde Wiese für Möglichkeiten bietet! Wer seine Medikamente doch lieber in der Apotheke und seine Kräuter auf dem Markt kauft, findet auf der Wiese immerhin romantische

Ganz ohne Vorkenntnisse sollte man sich nicht an der Kräuter- und Pflanzenvielfalt am Wegesrand versuchen. Denn auch hier lauern Verwechslungsgefahren oder bittere Überraschungen.

Das Kräuterbüschel zu Mariä Himmelfahrt

Wissen Sie, was in das gesegnete Kräuterbüschel zu Mariä Himmelfahrt (15. August) gehört? Sie werden staunen:

- Königskerze, Rohrkolben, Reinfarn, Johanniskraut, Baldrian, Lavendel, Dost, Ringelblume, Melisse, Wegwarte, Holunder, Salbei, Schafgarbe und Kamille. Zudem folgende Gewürze: Basilikum, Thymian, Salbei, Minze, Liebstöckl und Bibernelle. Und auch das Getreide darf nicht fehlen: Hafer, Gerste, Weizen und Roggen.
- Das Kräuterbüschel wird getrocknet und dann über Türen, im Dach oder im Stall aufgehängt, da es große Heil- und Wirkungskräfte besitzt.

Feldeinsamkeit

Ich ruhe still im hohen, grünen Gras
Und sende lange meinen Blick nach oben,
Von Grillen rings umschwirrt ohn' Unterlaß,
Von Himmelsbläue wundersam umwoben.

Und schöne, weiße Wolken ziehn dahin
Durchs tiefe Blau, wie schöne stille Träume; –
Mir ist, als ob ich längst gestorben bin
Und ziehe selig mit durch ew'ge Räume.

Hermann Ludwig Allmers

und vor allem kostenlose Dekorationen für zu Hause.
Die filigranen Gräser und die farbenfrohen Blüten ergeben zusammen herrliche Sträuße, die sich in rustikalen Töpfen oder alten Gießkannen besonders schön machen. Der Bastel-Freak kann jedoch noch mehr machen. Gräser und Halme lassen sich biegen, knoten und flechten. Wer also noch am Abend ein schönes Essen mit Freunden im Garten oder auf dem Balkon plant, kann sich hier die passenden Mitbringsel pflücken. Daraus werden dann ungewöhnliche Kränze für den Esstisch, geflochtene Serviettenringe oder einfach tolle Deko für Essteller und Servierplatten. Einfach der Fantasie freien Lauf lassen. Und das Tolle ist: Wer nicht bis abends warten will, fängt einfach schon unterwegs mit dem Basteln an.

Wildkräuter
als Salat

Für 4 Portionen

100 g Rucola • 100 g Brennnesselblätter • 200 g Wildkräuter • 50 g Walnusskerne • 100 g frische Himbeeren • 3 EL Himbeeressig • 4 EL Erdmandelöl • 1 TL Zucker • 1/2 TL Salz

Die Salate und die Wildkräuter waschen, die groben Stiele entfernen, den Salat abtropfen lassen. Die Walnusskerne grob hacken.

Die Himbeeren verlesen. Einige Früchte beiseite legen. Den Himbeeressig mit dem Erdmandelöl, Zucker und Salz cremig rühren, einige Himbeeren zerdrücken und unterrühren.

Die Salate auf Teller verteilen und mit dem Himbeerdressing beträufeln. Mit den beiseite gelegten Himbeeren garnieren.

Tipp: Wildkräutermischungen erhalten Sie im Naturkostladen oder beim gut sortierten Gemüsehändler.

Auf Schusters Rappen

... die Natur erfahren

Auf Schusters Rappen – was heißt das eigentlich? Zu Fuß unterwegs sein, klar – aber was hat das mit Rappen zu tun? Der Rappe ist ein schwarzes Pferd. Ein Luxus, den sich früher nur gut situierte Menschen leisten konnten, wenn sie sich auf Reisen machten. Der Normalbürger musste da auf seine einfachen, bequemen Schuhe zurückgreifen, die ihn von A nach B brachten, natürlich unter Einsatz der eigenen Muskelkraft. Und diese Schuhe wiederum waren in den allermeisten Fällen nicht in einer modischen Farbe gehalten, sondern waren schlicht und ergreifend schwarz. Und so hat man die Sache einfach etwas scherzhaft umschrieben.

Querfeldein oder auf Wegen. Wer mit Kindern wandert, sollte wissen, wohin er geht, denn im Wald können Abkürzungen auch Umwege sein – die dann Zeit und vor allem Kraft kosten, die manche Kinder dann nicht mehr haben.

Früher und heute

Tja, und das, was früher normal war, ist wiederum heute für uns gestresste Businessmenschen beinahe schon echter Luxus. Ist es nicht ein unbeschreiblich befreiendes Gefühl zu wissen, dass man einfach nur seine „schwarzen Rappen“ anziehen müsste und losmarschieren könnte, vielleicht mit einem kleinen Proviant versehen, ohne Planung, ohne Terminkalender, ohne Handy (wobei man dieses doch besser dabei haben sollte – aber z. B. auf stumm gestellt), raus in die Natur, rein in all die Abenteuer, die da warten ... Müsste, könnte, wollte – bei dem Gedanken bleibt es dann meistens. Aber was soll's! Im Sommer, wenn die Temperatu-

ren lau und die Tage lang sind, bieten sich so viele Gelegenheiten für Expeditionen in die Natur – am Feierabend, am Wochenende und natürlich in den Sommerferien.

Schattige Waldwege sind ideal für kleine Ausflüge mit Kindern.

Einfach mal kreativ und glücklich sein

Entweder einfach der Nase nach losgehen oder zuvor den eigenen Stadtplan studieren. Wo sind da die grünen Flächen? Hey, da schlängelt sich ja ein kleiner Bach, wer hätte das gedacht. Und ach ja, an dem Fluss in meiner Nähe war ich auch schon lange nicht mehr. Es gibt so viel zu entdecken, für das man nur kurze Strecken zurücklegen muss. Da muss

Der Wanderrucksack

Damit Sie nichts Wichtiges vergessen, hier die Packliste für Ihren Wanderrucksack:

- Regenkleidung (wenn Sie sie nicht schon anhaben)
- Wechsel-T-Shirt
- Fleecejacke oder -pulli
- Sonnencreme und Sonnenbrille
- Tuch, Hut oder Käppi für den Kopf
- Erste-Hilfe-Set, auf jeden Fall mit Blasenpflaster
- Handy für den Notfall

Verpflegung, das sind:

- pro Wanderer mindestens 1 Liter Wasser oder Saftschorle
- belegte Vollkornbrote
- Obst und Gemüse (Paprika, Möhren, Gurke), eingewickelt in ein feuchtes Tuch bleibt alles länger frisch
- getrocknete Früchte und Studentenfutter
- Mülltüte für die Überreste, die der Wanderer selbstverständlich nicht liegen lässt

nichts geplant werden, da braucht's keinen Wanderrucksack und keine Wegekarte.

Ein Rucksack voller Ideen

Aber vielleicht packt man in den Rucksack etwas anderes, das die Sinne für die Schönheit da draußen schärft: eine Kamera oder einen Zeichenblock mit Farben und Stiften, die man sich notfalls bei den eigenen Kindern mopsen kann. Und dann die wunderbaren Kompositionen der Natur auf sich wirken lassen. Die starken Farbkontraste von sattgrüner Wiese zu knallblauem Himmel. Der mäandernde Bach, der die Neugier weckt. Das unverschämte Glitzern auf dem wogenden Meereswasser. Die weiten Weidenflächen, die in sanfte, bewaldete Hügel übergehen. Dass es so viele Grüntöne gibt, wer hätte das gedacht?

Wege zum Glück

Mit diesen Eindrücken im Kopf und im Herzen fühlt man sich unbeschreiblich frei, leicht, zufrieden. Und kommt mit ansteckend guter Laune nach Hause. Übrigens, amerikanische Forscher haben nachgewiesen, dass Bewegung in der freien Natur glücklich macht! Stresshormone werden abgebaut. Endorphin und Serotonin geben dagegen richtig Power und schenken Glück pur.

Das Wandererlebnis allein genossen kann so durchaus meditativen Charakter bekommen und die Gedanken auf andere Wege lenken. Aber haben wir es nicht schon alle gemerkt: Beim Spazierengehen kann man mit seinem Lebenspartner, guten Freunden oder lieben Verwandten hervorragend quatschen, da sprudeln nur so die Worte. Wandern

macht glücklich, und geteiltes Glück ist doppeltes Glück!

Wandern und einkehren

Wer jetzt noch etwas mehr braucht, um den inneren Schweinehund zu begeistern, kann diese Aktivität mit vielen weiteren Zutaten schmackhafter machen. Eben z. B. mit Essen. Eine gemütliche Einkehr einplanen auf der Mitte oder besser noch am Ende der Wanderung. Kann es eine bessere Belohnung geben, wenn man sich deftige Hausmannskost bestellt? Und man hat es sich auch noch verdient!

... und besichtigen

Natur lässt sich auch mit Kultur gut vereinen. Wanderwege kann man zu Sehenswürdigkeiten und Baudenkmälern planen. So gibt es die sogenannten Qualitätswanderwege, die genau dies berücksichtigen. Einfach mal auf der Homepage vom Wanderverband nachsehen.

Auf Kuhweiden zu rasten, sollte man sich genau überlegen, nicht alle Wiederkäuer sind geduldige Gastgeber – auf bewirtschafteten Almen sind aber die gemütlichen Viecher in der Regel Gäste gewöhnt.

Wandern mit Kindern

Hier finden Sie die absoluten Basics, die Sie beim Wandern mit Kindern bedenken sollten. Denn dann habe alle ihre Freude.

- Schon bei der Planung die kleinen Wanderer mit einbeziehen und z. B. die Wegkarte zeigen und erklären.
- Was für die Ausrüstung von großen Menschen gilt, gilt auch für die kleinen. Ganz wichtig sind auch hier die Schuhe.
- Der kleine Wandervogel hat selbstverständlich seinen eigenen Rucksack. Da können Spielzeug, Regenjacke, etwas Obst oder der Lieblingsteddy verstaut werden.
- Das A und O ist der Wanderstock, aber kein fertig gekaufter. Nein, der wird draußen in der Natur gefunden und die ganze Zeit mitgeschleppt.
- Und falls Sie mit ganz kleinen Kindern unterwegs sein sollten, immer vorab recherchieren, ob die Wege auch mit einem Kinderwagen zu bewältigen sind.
- Auf alle Fälle gilt bei kleinen Wanderern: Der Weg ist das Ziel.
- Tipp 1: Immer mit mehreren Kindern wandern, das macht einfach mehr Spaß.
- Tipp 2: An Beschäftigung denken, z. B. Lupenbecher, Kompass, Knete für Baumgesichter, Seile oder die z. Zt. so trendigen Slacklines einpacken.
- Tipp 3: Abwechslungsreiche Wegführung aussuchen wie kurvige Pfade oder geschlängelte Bachläufe.
- Tipp 4: Überraschung! – Am besten am Ende der Tour, z. B. eine Bootsfahrt, ein Besuch im Wildpark, auf dem Abenteuerspielplatz …

… und picknicken

Was kann es Schöneres geben, als sich mit Freunden und der Familie nach einem schönen Spaziergang auf einer Waldlichtung niederzulassen, die Decken auszubreiten und genüsslich zu essen? Gespräche führen, dem Rauschen der Blätter zuhören, die Ameisen auf der Picknickdecke beobachten. Der gute klassische Picknickkorb eignet sich dafür allerdings nicht, wenn man zuvor ein paar Schritte zu Fuß gehen möchte. Da heißt es, alle Utensilien wie Essen und Getränke, Geschirr und Besteck, Flaschen und Gläser sowie genügend Decken auf alle Rucksäcke verteilen.

Abstecher in den Wald

Wahrscheinlich sieht fast jeder, der ans Wandern denkt, vor seinem inneren Auge einen Weg, Pfad oder Steig durch den Wald. Der Wald ist für uns eine Oase der Ruhe, des Energietankens und Besinnens.

Spaziergang auf dem Waldlehrpfad

Welchen Reichtum ein Mischwald bietet, sieht man sich am besten auf einem der vielen Waldlehrpfade an. Zum einen lernt man die wichtigsten Nadel- und Laubbäume kennen, die – wenn wir mal ehrlich sind – gerade uns Städtern nicht wirklich geläufig sind. Wer könnte aus dem Stand heraus beschreiben, wie die Gemeine Esche aussieht? Oder wer weiß, in welche Kategorien Wälder unterschieden werden? Schon mal etwas von Auwald, Bruchwald, Nutzwäldern wie Hoch-, Mittel- und Niederwald, Moorwald etc. gehört? Außerdem kann man

Picknick am See kann herrlich sein. Aber auch hier gilt: Nach dem Essen 20 Minuten warten, bevor man wieder ins Wasser geht.

Typische Bäume

Nadelbäume:

Gemeine Fichte, Europäische Lärche, Gemeine Eibe, Weißtanne (der typische Baum des Schwarzwaldes), Douglasie oder Douglastanne, Riesen-Lebensbaum

Laubbäume:

Bergahorn, Stieleiche, Rotbuche, Gemeine Esche, Eberesche, Sandbirke, Hängebirke, Weißbirke, Bergulme, Sommerlinde, Winterlinde, Platane, Rosskastanie

Hätten Sie's gewusst?

Eine ca. 150 Jahre alte Eiche liefert pro Tag die Sauerstoffmenge für ca. 15 Menschen!

den Schautafeln auch entnehmen, wie das Ökosystem Wald funktioniert und wie es vom Menschen genutzt wird.

Wer wohnt in einem Baum?

Ein Baum sieht auf den ersten Blick eher unbewohnt aus, stellt aber eine fantastische ökologische Nische dar. Eichhörnchen finden hier einen reich gedeckten Tisch. Spechte suchen nach Insekten und Larven im Baum, was mit lautem Hämmern weithin zu hören ist. Und für Raubvögel wie den Uhu und den Waldkauz ist der Baum ein toller Aussichtsplatz.

Voller Leben

Elster, Eichelhäher, Türkentaube, Rotkehlchen, Buntspecht, Kleiber (der senkrecht die Baumstämme rauf und runter saust), Wiedehopf, Pirol, Gartenrotschwänzchen, Feldsperling, Kernbeißer, Kohlmeise, Schwanzmeise, Blaumeise, Mönchsgrasmücke, Bachstelze, Distelfink – da geht einem fast die Puste aus. Doch all diese gefiederten Tiere leben in Bäumen. Auch das große Krabbeln ist hier angesagt mit Insekten wie Kreuzspinne, Hirschkäfer, Heldbock, Grüne Laubheuschrecke, Grüner Eichenwickler sowie dem farbenprächtigen Admiral. Einfach mal auf die Lauer legen und genau hinschauen!

Rucksack, Schuhe & Co.

Na, auf den Geschmack gekommen? Wenn es nun doch für mehrere Stunden oder gar Tage rausgehen soll, sind rund um das Wandern einige wichtige Dinge zu beachten, damit man gesund, munter und nicht fußlahm nach Hause kommt.

Kleidung, aber die richtige

Funktionswäsche ist am besten. Der Schweiß wird abtransportiert, der Stoff trocknet schnell. Am geeignetsten kleidet man sich in der Zwiebeltechnik: Unterwäsche, Shirts, dünner Fleecepulli, leichte Regenjacke, Wanderhose und Wandersocken.

Wichtig: Schuhe

Dies gilt nicht nur fürs Bergwandern, sondern für alle Wanderaktivitäten: Auf die Schuhe kommt es an. Wer sich damit Blasen läuft, wird das Wandern schnell verfluchen. Wanderschuhe sind eher leicht, aber dennoch stabil und haben eine rutschfeste Profilsohle.

Damit alles gut verstaut ist

Ganz klar, zum Wanderer gehört der Rucksack. Wer öfter auf Schusters Rappen unterwegs ist, sollte sich einen passenden, d. h. der eignen Anatomie entsprechenden, Wanderrucksack zulegen. Denn diese haben gepolsterte Schultergurte, Rückenbelüftung, vielleicht auch einen Hüftgurt (sehr empfehlenswert). Das Volumen wird nach Litern bemessen. Für eine Tageswanderung genügt dabei die 30-Liter-Variante.

Planung ist alles

Wenn man längere Tages- oder Mehrtagestouren plant, sollte immer die Wanderkarte dabei sein. Doch das allein genügt nicht. Auf alle Fälle nimmt man sich vor der Wanderung die Zeit und freundet sich mit der Karte an. Denn man kann ihr vieles entnehmen: Wie ist der Wanderweg beschaffen – schnurgerade wie eine Autobahn oder mit vielen Kurven? Welche Landschaft erwartet einen? Ist sie abwechslungsreich wie gewünscht oder geht es doch vornehmlich durch langweilige Forstwälder? Wird es gemütlich eben dahingehen oder muss auf Hügel oder gar Berge gekraxelt werden? Ja, und wie lang wird die Wanderung überhaupt dau-

Ideal für Kinder sind Waldwanderwege, die mit Rätseln und Entdeckungsaufgaben Namen, Formen und Nutzen verschiedener Pflanzen vermitteln. Mancherorts gibt es auch Kunstwanderwege, die sogenannte Land Art verbindet Natur, Naturerlebnis, natürliche Werkstoffe und Kunst miteinander.

Kleine Pilzkunde

Wenn Sie zu den Pilzsammler-Anfängern gehören, erhalten Sie hier einen ersten klitzekleinen Überblick.

- Lamellenpilze, mit Lamellen an der Hutunterseite. Unter den Lamellenpilzen finden Sie die bekanntesten Pilze wie z. B. Champignons, aber auch die giftigsten.

Bekannte Stellvertreter:

- Großer Riesenschirmling oder Parasol
- Perlpilz oder Rötender Wulstling
- Wiesen-Champignon oder Feld-Egerling
- Stockschwämmchen
- violetter Rötelritterling
- Schopf-Tintling

- Röhrlinge sind für Pilzneulinge am einfachsten zu erkennen, denn sie haben anstelle der Lamellen eine fleischige Schicht.
- Steinpilz
- Maronen-Röhrling
- Birkenpilz
- Heide-Rotkappe

- Und unter den großen Sammelbegriff der Sonstigen fallen folgende Pilze:
- Echter Pfifferling
- Riesen-Bovist
- Speise-Morchel

ern? All das ist guten Wanderkarten zu entnehmen, wenn sie Höhenlinien enthalten und einen Maßstab von bestenfalls 1:25 000 bieten.

Kleine Wandervögel

Na, wollen wir alle heute gemeinsam wandern gehen? Wenn bei „alle" ein Kind dabei ist, kann das Gemaule schon vorprogrammiert sein. Wandern ist durchaus familientauglich, sollte aber gut geplant sein.

Ein Abstecher in die Schwammerl

Der Sommer bei uns ist immer verregnet. Na, ob das wirklich so stimmt? Doch wenn draußen die dicken Wassertropfen fallen, hat das auch sein Gutes. Denn dann sprießen die Schwammerl, auf hochdeutsch die Pilze. Kann es Schöneres geben, als nach einer sommerlichen Dusche in den Wald zu gehen, wo die Regentropfen wie kleine glitzernde Edelsteine an den Zweigen und Gräsern hängen? Und dann einen tiefen Atemzug nehmen und diesen wunderbar erdigen Pilzgeruch in der Nase haben. Da läuft einem das Wasser im Mund zusammen.

Aber Achtung: Wer sich mit Pilzen nicht auskennt, sollte sich unbedingt die passende Lektüre besorgen. Es gibt unzählige gute und verständliche Pilz-Ratgeber, und das ist auch gut so. Denn essbare Pilze haben häufig giftige Doppelgänger. Und wer ganz auf Nummer sicher gehen will, lässt die gesammelten Schätze von fachkundiger Stelle begutachten.

Wo, wann und wie?

Wald und Pilze, das gehört untrennbar zusammen. Dabei wachsen viele Leckereien auch auf Wiesen, in Gärten und Parks. Und das nicht nur im Spätsommer und Herbst. Eigentlich kann man fast das ganze Jahr hindurch ernten. Wer weiß, bei welchen Bäumen die Pilze gerne wachsen, der wird ein erfolgreicher Sammler. So sollte man immer bei Eiche, Fichte, Lärche, Kiefer oder Tanne vorbeischauen. Wer dagegen bei Pappel, Linde, Weide und Ahorn sucht, wird leer ausgehen. Für die Ernte braucht es nicht viel: Ein Taschenmesser zum Abschneiden und Entfernen der wurmstichigen Stellen. Einen luftdurchlässigen Korb und einen Pinsel, um Boden- und Sandreste zu entfernen. Und – wie bereits gesagt – ein genaues Pilz-Bestimmungsbuch.

Wer sich beim Pilzesammeln nicht sicher ist, holt sich am besten noch einmal bei den Pilzberatungsstellen Rat.

Pilze & Co …

… köstlich Herzhaftes aus dem Wald

Der Reiz der Sommerküche liegt in den verschiedenartigen Zutaten, denn so reich wie zwischen Juni und September ist das frugale Angebot selten. Mutig kann man hier Frucht, Gemüse und Salate mischen und wird immer ein grandioses und farbenfrohes Ergebnis erzielen.

Pfifferlinge

im Salat

■ Für 4 Portionen

500 g grüner Spargel • 200 g frische Pfifferlinge • 400 g verschiedene Blattsalate (z. B. Romana, Frisée, Radicchio) • 250 g Kirschen • Salz • Pfeffer • Zucker • Balsamico-Essig • Olivenöl • Butter • 1 Handvoll essbare Blüten

■ Die Pfifferlinge putzen, waschen. Den Spargel waschen und die Enden abschneiden.

■ 1 EL Butter in einer Pfanne erhitzen und die Pfifferlinge kurz darin anbraten, den Spargel ebenfalls kurz dazugeben. Nach ca. 2 Minuten aus der Pfanne nehmen und abkühlen lassen.

■ Die Salatblätter waschen, klein zupfen und in eine große Schüssel geben.

■ Balsamico-Essig, Olivenöl, Salz, Zucker, Pfeffer zu einer Marinade verrühren.

■ Die angebratenen Pfifferlinge und den Spargel zu den Salatblättern geben und die Marinade unterrühren.

■ Auf vier Tellern anrichten, mit Kirschen garnieren und die Blüten darüberstreuen.

Warum auf die Berge ?

… weil sie da sind!

So oder so ähnlich soll es Sir Edmund Hillary gesagt haben, dem 1953 nachweislich die Erstbesteigung des Mount Everest gelang. 8848 Meter – nein, so hoch müssen wir alle wahrlich nicht hinauf. Es ist vollkommen egal, auf welcher Meereshöhe der Gipfel liegt. Es sind vielmehr der Reiz und die Herausforderung, die das Bergwandern darstellt.
Der Reiz liegt in dem berauschenden Naturerlebnis. In den starken Gegensätzen von schroffen, mächtigen Felswänden und sanften, lauschigen Almwiesen. Hier fühlt man wenigstens einen Hauch von der Macht und der Kraft der Natur. Die Herausforderung sind die Höhenmeter, die man bis zum Gipfel oder zur Hütte erklimmen muss, vielleicht auch die Beschaffenheit des Weges. Denn vom komfortablen Forstweg bis zum schmalen Felssteig mit Drahtseilsicherung kann einem in den Bergen alles geboten werden.

Vielerorts sind an manchen Sommertagen mehr Radler als Wanderer zu den Gipfeln unterwegs. Die neue Moutainbiking-Bewegung braucht manchmal noch ein wenig Abstimmungsbedarf: Denn Walker und Biker harmonieren auf den schmalen Bergstraßen und Wegen nicht immer.

Jeder, wie er mag – und kann!

In den Alpen sowie im Voralpenland gibt es unzählige Möglichkeiten für Tagestouren. Einfach mal ausprobieren! Denn ein paar Stunden in der wilden Natur, weg von der Zivilisation, fühlen sich an wie richtiger Urlaub. Und wenn man sich die volle Dosis geben möchte, plant man eine Mehrtagestour, von Hütte zu Hütte. Ein Wahnsinnserlebnis, wenn

man ausgepowert und trotzdem leicht und frei mit einem klaren Kopf nach Hause kommt. Wer sich für das Bergwandern interessiert, sollte auf der Homepage des Alpenvereins vorbeischauen. Hier gibt es sehr viele wertvolle Tipps.

Schaffe ich das?

Eine ehrliche Selbsteinschätzung ist die Voraussetzung. Wer sich unsicher bezüglich seiner Kondition ist, fängt einfach mit einer leichten Tour an. Da versucht man dann z. B. mal 300 oder 400 Höhenmeter zu gehen und tastet sich so Schritt für Schritt an die Sache heran. Wer normal trainiert zur Tat schreitet, wird bald merken, dass dann Tagestouren

Checkliste für Gipfelstürmer

Das gehört in Ihren Tagestour-Rucksack (ca. 30 Liter Fassungsvermögen):

- Wetterschutzjacke, Regenüberhose (empfehlenswert, wenn's plötzlich schüttet und kälter wird)
- Wechsel-T-Shirt (kann hilfreich sein, wenn man am windigen Gipfel mit einem verschwitzten Shirt am Leib ankommt)
- Fleecejacke oder -pulli (unbedingt, denn es kann auch im Sommer erstaunlich kühl werden in den Bergen)
- Sonnencreme und Sonnenbrille
- Tuch, Hut oder Käppi für den Kopf
- Mütze und Handschuhe (auch wenn's schwer vorstellbar ist: Im August kann es durchaus mal in den Bergen schneien!)
- Erste-Hilfe-Set, auf jeden Fall mit Blasenpflaster
- Handy für den Notfall
- Rettungsdecke (sind ganz kleine Packerl, die man gut im Rucksack verstauen kann und wichtige Dienste gegen Auskühlung von Verletzten leisten – eine gute Investition für den Fall der Fälle)
- Wanderkarte
- Teleskopstöcke (nicht ein Muss, aber ein durchaus empfehlenswertes Kann, da die Stöcke beim Bergablaufen die Kniegelenke entlasten)
- Verpflegung und Mülltüte wie bereits bei den Wandersleuten genannt

von 900 bis 1200 Höhenmetern durchaus drin sind. Und damit steht einem eine große Palette von wunderbaren Bergausflügen zur Verfügung. So werden nicht nur Kondition, sondern auch Schwindelfreiheit und Trittsicherheit trainiert.

Wo war noch mal der Weg?

Um zu wissen, wie hoch der Gipfel liegt und wie lang der Weg sein wird, ist ein Blick auf die Wanderkarte unumgänglich. Am besten wählt man die Tour in einem der diversen Wanderbücher aus. Denn hier erfährt man alles über die Zahl der Höhenmeter, Weglänge, Parkmöglichkeiten, Bergbahnen in der Nähe, Einkehrmöglichkeiten und – wichtig – die Wegbeschaffenheit. Gut belesen kann man das Buch dann zu Hause lassen, die Karte aber ist immer dabei.

Allein oder in der Gruppe?

Wer mit sich allein in die Berge geht, kann Länge und Schwierigkeit der Strecke voll nach den eigenen Bedürfnissen ausrichten.

Geht man aber in der Gruppe, gilt das oberste Gebot: Der Schwächste gibt den Takt vor! Keine Person wird zurückgelassen, weil sie es nicht bis auf den Gipfel schafft oder zu langsam unterwegs ist. Dann wird die Tour eben kürzer, endet bereits an einer Hütte oder auf einer einladenden Almwiese. Was soll's?

Ausrüstung für Gipfelstürmer

Eigentlich gilt in puncto Kleidung und Rucksack all das, was bei „Schusters Rappen" genannt wurde. Allerdings, viele Dinge sind für den Bergwanderer fast zwingend! Also, auch hier gilt das Zwiebelschichtprinzip: Funktionsunterwäsche, atmungsaktives Hemd oder Shirt, Fleecepulli, lange Hose aus Kunstfaser (praktisch gerade im Sommer, wenn die Hosenbeine abzippbar sind), Wanderstrümpfe, wind- und wasserabweisende Wetterschutzjacke, bei Sonnenschein unbedingt einen Kopfschutz.
Schuhe: Ohne Profilsohle geht man nicht in die Berge! Es hängt

Auch in der Gruppe macht Bergwandern Spaß, doch sollte das Tempo an die Langsamsten angepasst werden.

Mit Kindern in den Bergen

Haben Sie keine Bedenken, wenn Sie mit Kindern in die Berge gehen. Das macht den kleinen Wanderern richtig viel Spaß, da es sehr abwechslungsreich ist. Ein paar grundsätzliche Dinge sollten Sie dabei wissen:

- Kleidung, Schuhe und sonstige Ausrüstung genau wie bei den großen Bergwanderern
- Der eigene Rucksack ist für kleine Bergsteiger ganz wichtig. Das Gewicht sollte 10 % des Körpergewichts des Kindes nicht überschreiten.
- Im Kindergartenalter sollte die Gehzeit maximal vier Stunden betragen, Schulkinder können durchaus schon Tagestouren schaffen. Das muss ausgetestet werden.
- Es gilt aber immer: genügend Pausen einlegen! Deswegen verlängert sich die Gehzeit, die z. B. in einem Wanderbuch oder auf einem Wegweiser angegeben ist, um ca. das 1,5-fache. Das bitte immer bedenken!
- Alpines Gelände weckt garantiert den Entdeckerinstinkt und die großen Wanderer sind dann viel zu langsam unterwegs. Aber Achtung: Bei unbekannten Wegverläufen den Nachwuchs nicht einfach vorauslaufen lassen.
- Und wenn die Minis noch nicht laufen können, können Sie sie in einer Kraxe gut verstauen. Solche Wanderungen sollten nicht länger als drei Stunden dauern.
- Zeit lassen für Fantasiespiele: z. B. Steinmanderl bauen oder mit Steinen Gesichter legen

von der Wegbeschaffenheit ab, ob ein stabiler Outdoor-Schuh genügt oder ein Wanderstiefel angesagt ist, der mit seinem höheren Schaft den Knöcheln Unterstützung bietet.

Mini-Gipfelstürmer

Gerade auch bei Familien wird das Bergwandern immer beliebter, lässt es sich doch gut mit den Ferien auf dem Bauernhof oder spannenden Hüttenübernachtungen verbinden. Ein echtes Erlebnis für alle, das aber gut vorbereitet sein muss. Was beim Thema „Wandern mit Kindern" bereits gesagt wurde, gilt hier genauso: genügend Zeit und vor allem Pausen einplanen, mit den Kindern zusammen die Tour planen und auf der Karte zeigen. Und vor allem nicht wütend sein, wenn es keinen Gipfelsieg geben sollte. Dafür wurden vielleicht Steinmännchen gebaut, seltsame Fabelwesen beobachtet, das Pfeifen der Murmeltiere nachgeahmt, Freundschaft mit den gefräßigen Bergdohlen geschlossen und und und …

Gipfelglück und Hüttenzauber

Es gibt unterschiedliche Beweggründe auf Berge zu steigen. Da ist die Herausforderung des inneren Schweinehundes, das Spiel mit den eigenen körperlichen oder mentalen Grenzen, die Bewunderung der grandiosen Natur. Aber zwei Ziele haben dann doch die meisten Bergwanderer vor Augen.

Der Gipfel ist das Ziel

Wegen ihm nehmen wir all die Strapazen auf uns. Er gibt uns einen enormen Glücks-Kick, wenn wir ihn erreicht haben: der Gipfel. Endlich der freie Blick in alle vier Himmelsrichtungen, teilweise mit einem imposanten Bergpanorama verbunden oder auf die heraufziehende Gewitterfront. Dann aber nichts wie runter!
Gipfelkreuz, Gipfelbuch – all das findet man hier. Gipfeleinsamkeit? Wahrscheinlich weniger … egal. Einfach ein nettes Plätzchen suchen, denn nun kommt endlich die verdiente Rast. Und vielleicht lässt sich sogar die freche Bergdohle auf dem rechten Wander-

schuh nieder und pickt die letzten Brotkrumen auf.

Die Hütte ist das Ziel

Viele Bergwanderer fühlen sich erst richtig belohnt, wenn das frisch gezapfte, kühle Bier vor ihnen auf dem Tisch steht. Hütten sind deswegen mindestens genauso wichtige Tourenziele, vielleicht sogar noch wichtigere.
Es ist aber auch ein herrliches Gefühl, wenn man nach getaner Tat die Sonnenterasse mit den einfachen Bierbänken betritt. Oder den Gastraum in der alten Hütte, wo man mit etwas Glück ein Plätzchen im Herrgottswinkel ergattert und dann die Qual der Wahl hat: die zünftige Brettljause, herrliche Knödel, Schweinsbraten, Würstel oder womöglich Kaiserschmarrn? Eines sollte man dabei immer bedenken: Den gut gefüllten Bauch muss man auch wieder ins Tal tragen.
Herrlich, wenn man einfach in der Hütte bleiben kann, weit weg von all dem Stress und Krach, einfach nicht wieder zurück muss. Eine Hüttenübernachtung ist ein überraschendes Erlebnis in vielerlei Hinsicht!

Überraschung Nr. 1: Kuschelige Übernachtung

Wer auf einer Berghütte (genauer gesagt Schutzhütte) übernachtet, sollte sich darauf einstellen, dass er dies mit vielen zusammen tut. Wer ein Bett ergattert, findet sich meistens in einem Vierer-Zimmer mit Doppelstockbetten wieder. Ansonsten landet man im Lager, wo Matratze an Matratze liegt. Hier sollte man keine Scheu vor seinen Mitmenschen haben. Denn das kann kuschelig-warm werden – und laut! Da braucht's nur einen Schnarcher.

Überraschung Nr. 2: Katzenwäsche

Die gute Nachricht vorab: Die allermeisten Hütten bieten getrennte Waschräume für Frauen und Männer. Und auch die Toiletten sind einzeln absperrbar. Ansonsten kann es aber sein, dass man hier seinen Lagernachbarn bei der Katzenwäsche wieder trifft. Und das alles bei fließendem und meistens eiskaltem Wasser an Waschbecken (Duschen sind seltener).

■ Hüttenzauber gibt es tatsächlich: die Enge einer Hütte schweißt die Menschen zusammen, Kontakte werden leicht geknüpft. Allerdings ist das Schlafen in 8-Mann-Zimmern nicht jedermanns oder jederfraus Sache.

Überraschung Nr. 3: Hüttenromantik

Ja, sie gibt es! Und dazu trägt der sehr reduzierte Luxus enorm bei. Hier sitzen abends alle gleichermaßen bei einander, wenn es draußen stockdunkel und kalt geworden ist und die Hütte wirklich Schutz bietet. Das fühlt sich sicher und wohlig an. Bei zünftigem Essen, Bier und Wein lernt man nette und interessante Menschen kennen, die man später wieder im Waschraum, im Lager oder morgens bei Frühstücken trifft.

Überraschung Nr. 4: Stimmungen

Es gibt mindestens einen schwerwiegenden Grund, warum man eine Hüttenübernachtung mal mitmachen sollte. Das ist die unbeschreibliche Zeit des Sonnenunter- und -aufgangs, die man nur während des Hüttenaufenthalts erleben kann. Man muss es selbst gesehen und gefühlt haben. Wenn zum Abend hin die Sterne am Firmament auftauchen und irgendwann die ganze Milchstraße erstrahlt. Wenn es ein paar Meter abseits der Hütte einfach still wird, richtig still. Wenn in der Früh die grauen kalten Felsen plötzlich in ein zartes Rosa gehüllt werden und die Gämsen noch nahe an der Hütte stehen. Das erlebt man nur, wenn man nachts in den Bergen bleibt. Und dafür lohnt es sich, Oropax und kaltes Wasser in Kauf zu nehmen.

Ausflug in die Berge mal anders

Wer sich allein mit dem Berg-auf- und Bergabkraxeln nicht zufrieden geben mag, kann vorab via Internet recherchieren, welche Outdoor-Aktivitäten vor Ort angeboten werden.

Wandern mit Lamas

Inzwischen gibt es für fast alles Angebote und Kurse, vom Anfänger bis zum Profi. Ob nun Klettersteige gehen, alpines Klettern oder Hochtourengehen, ob Kanufahrten oder Rafting auf wilden Gebirgswassern, ob Gleitschirmfliegen oder doch gemütliche Kutschfahrten – alles ist möglich. Und wenn man es kuschelig mag, kann man inzwischen sogar mit Lamas wandern gehen. Nicht nur für die Kleinen ist das ein Erlebnis, zumal die wolligen Viecher gemächlich und verschmust sind.

Berge in Flammen

Wer rund um den längsten Tag im Jahr in den Bergen unterwegs ist (in Bayern, in Österreich), kann Zeuge eines alten, auf vorchristliche Zeit zurückgehenden Brauchtums werden. Wenn es dann dunkel wird, lodern plötzlich auf den Berggipfeln Flammen empor. Rund um Johanni (24. Juni) werden die Sonnwend- oder Johannifeuer entzündet, die wie eine Lichterkette die Bergzacken nachzeichnen. In Teilen Tirols sieht man an den Berghängen zudem große, brennende Zeichen in Form von Kreuzen, Herzen oder dem Zeichen Christi – die Herz-Jesu-Feuer. Ein faszinierendes, eigentümliches Spektakel, für das man nicht mal auf die Berge rauf muss. Im Gegenteil, gerade von den Tälern aus sieht man die ganze Pracht der Feuer.

Deftig darf eine Brotzeit am Berg schon sein, schließlich werden beim Wandern ungeheuer Kalorien verbraucht.

Wasserrauschen

Im Reich der Badenixen und Wassermänner

Es ist einfach herrlich, zu Fuß oder auf dem Drahtesel draußen unterwegs zu sein. Die Natur in ihrer sommerlichen Pracht zu erkundschaften, zu genießen und zu bestaunen. Ein ganz besonderes Gefühl ist es aber, wenn man dabei auf Wasser stößt. Woran das wohl liegen mag? Weil es das Elixier des Lebens ist? Weil plätscherndes Wasser so beruhigt? Weil Bäche, Seen, Flüsse und das Meer erfrischende Kühle versprechen, wenn im Sommer die Luft vor Hitze flirrt? Wasser lädt uns zum Aktivsein ein, genauso aber auch zum Verweilen. Gerade hier stehen Fitness und Wellness in wunderbarem Einklang. Sind es nicht häufig Flussauen oder Seen, die das Ziel unserer Wanderungen und Fahrradausflüge sind? Dann ist Pause angesagt, tief durchatmen, faulenzen und die Augen schließen.

■ Nicht umsonst besingen die Dichter seit Alters her das Rauschen und Plätschern des Wassers. Es beruhigt ungemein und die feuchte Luft lässt einen frei atmen.

■ Entdeckungstour …

Ein Bauchlauf oder ein wild bewachsenes Seeufer peppen jede Wanderung oder Radeltour auf, machen sie zu einer Entdeckungstour. Es macht einfach Spaß, der Schlängellinie eines Baches zu folgen und sich überraschen zu lassen. Denn vielleicht wird der Bach hinter der nächsten Kurve breiter, mündet in einen See? Flüsse laden unverhofft mit ihren Kiesbänken und Auen zum Ausruhen ein. Also, einfach mal die Wander- oder Radkarte studieren, wo Wasser in der Nähe ist. Es gibt sogar einige Wanderbücher, die dezidiert an Flüssen und Seen entlangführen. Wer also etwas Anregung braucht, wird hier fündig.

... für die Sinne

Wasser schickt auch unsere Sinne auf Entdeckungstour, man sollte Augen und Ohren gut aufsperren. Wenn sich die Sonnenstrahlen zwischen sattgrünem Laub hindurch schlängen und den Waldbach zum Glitzern bringen. Wenn das beständige Plätschern des Wassers ins Ohr dringt, beruhigt und die Atmung tief und langsam macht. Wenn die Haut, gut aufgeheizt von der Sommersonne und dem Aktivsein, gar nicht glauben kann, wie kalt sich das Wasser anfühlt.

Wellness-Oasen vom Feinsten

Gerade im Sommer ist es absolut nicht notwendig, in teure Wellness-Institute oder Thermen zu gehen. Die Wellness-Oasen finden sich ganz in der Nähe! Einfach mal wieder ein Sonnenbad am nahegelegenen Fluss oder See planen, z. B. in Kombination

Checkliste Kurzwellness

Das sollten Sie dabei haben, damit die Erholung auch gelingt:

- Liegematte
- Liegehandtuch, Badehandtuch
- aufblasbares Nackenkissen
- Sonnenmilch
- Sonnenbrille
- einen kleinen Sonnenschirm
- ein gutes Buch
- ein leichtes weites Shirt oder Hemd als Wind- und Sonnenschutz
- Kopfbedeckung
- Badekleidung
- auf alle Fälle genügend Wasser zum Trinken

mit einer Fahrradtour. Da lassen sich im Fahrradkorb die Badeutensilien verstauen und im Rucksack bringt man noch ein paar Leckereien unter. Gerade mit Freunden macht es besonders Spaß, sich zu einem Ufer-, Strand-, Wiesen- oder Kiesbank-Picknick zu treffen.

Ahoi zur Bootspartie

Wer doch mehr Bewegungsdrang hat, ist am Wasser nicht zum Nichtstun verdammt. Badenixen und Wassermänner sind hier ganz in ihrem Element. Und wer den See erobern will, wird einfach zum Kapitän: über seine eigene Luftmatratze, das Schlauchboot, das Paddelboot, das Tretboot, Kajak oder Kanu, das man sich ausgeliehen hat. Das macht alleine genauso Spaß wie in Gesellschaft.
Der Vorteil eines festen Bootes ist der kulinarische Relaxfaktor, denn an Bord kann meistens auch der Picknickkorb mitgenommen werden. Dann heißt es: erst mal in die Riemen legen, dann genüsslich Schmausen, die Blicke in die Ferne schweifen lassen und sich von den leichten Wellen in einen wunderbar dösigen Zustand schaukeln lassen.
Aber Achtung, Kapitäne! Bei größeren Gewässern oder bei Strömungen nicht das Ufer aus den Augen verlieren, damit man zum Schluss auch wieder problemlos zurücknavigieren kann.

Oder doch lieber Passagier?

Eine Bootsfahrt, die ist lustig … Genau, deswegen kann man auch einfach mal wieder einen Ausflugsdampfer besteigen. Auf den allermeisten Ausflugsseen oder Flüssen stehen ganze Schiffsflotten für den

interessierten Touristen zur Verfügung. Häufig werden auch Erlebnisfahrten angeboten, so z. B. für Feinschmecker, für Mondscheinsüchtige, für Tanzbegeisterte … Aber da gibt es auch die kleinen Freuden. Einfach mal wieder eine Uferpromenade entlangschlendern, ein Eis schlecken, den Möwen bei ihren Raubzügen zuschauen und beim Anblick der auf dem Wasser schaukelnden Enten selbst ganz wackelig vor Glück werden.

Für große und für kleine Seepferdchen

Wenn man mit Kindern unterwegs ist, sind Ausflüge ans und ins Wasser natürlich der Hit. Denn da ist für Spaß und Spannung gesorgt. Zu Hause können bereits Papierschiffchen gefaltet und später dann zu Wasser gelassen werden. Kein Bach kann entlang marschiert werden, ohne nicht wenigstens einen Staudamm oder Kanäle anzulegen. Aus fast

Es stählt die Armmuskeln und stärkt die Gemeinschaft: Rudern. Aber Achtung: Gerade auf dem Wasser sticht die Sonne besonders, daher Hüte, Sonnenschutz und langärmlige T-Shirts nicht vergessen.

Ausrüstung für kleine Wasserforscher

Wenn kleine Forscher und Entdecker mit von der Partie sind, können Sie sie besonders gut unterhalten, wenn Sie geeignetes Equipment dabei haben. Das allermeiste davon findet sich in jedem Haushalt und muss nicht extra gekauft werden.

- Fangnetz oder Küchensieb, um Insekten von der Wasseroberfläche oder Kaulquappen zu fangen
- weißer Pappteller, auf dem man die „Beute" gut ansehen kann
- ein Schraubglas oder, wenn vorhanden, ein Lupenbecher
- ein Löffel, um die Tierchen ins Glas oder den Becher zu bugsieren
- eine kleine Handschaufel für Grabungen am Fluss-, See- oder Meeresufer

allem lassen sich herrschaftliche Burgen bauen, aus Sand, aus Steinen, aus Ästen … Und natürlich kommen kleine Beobachter und Entdecker auf ihre Kosten, denn es ist schon erstaunlich, was alles im und am Wasser kreucht und fleucht. Toll, wenn man dann einen Kescher dabei hat.

Stimmungsvolles für Augen und Ohren

Einen Ausflug in die Natur kann man besonders gut am Wasser ausklingen lassen. Es ist ein ganz eigentümliches, schönes und melancholisches Gefühl, wenn sich der Tag an einem Gewässer gen Ende neigt. Sind die imposanten Farbspiele der tiefer sinkenden Sonne am Himmel bereits ein Spektakel fürs Auge, überbietet sich am Meeres- oder Seeufer die Natur geradezu in ihrer Opulenz. Ein Glitzern und Funkeln in Gelb, Orange und Rot. Das lädt zum Verweilen ein, zum Meditieren, zum Kreativsein. Einfach mal die Fotokamera zücken, den Zeichen- oder Schreibblock für eigene Skizzen oder Gedichte.Und wenn dann an den gegenüberliegenden Ufern vielleicht auch noch die Lichter der Dörfer oder der Seezeichen angehen, wird einem ganz wohlig, warm und sicher ums Herz.
Und wer die Zeit und Muße hat (und den wärmenden Pulli zum Drüberziehen), der wartet die Dämmerung und das Farbspektakel ab und schließt dann die Augen. Denn nun sind die Ohren an der Reihe. Wenn die Freibad-Geräuschkulisse am Ufer längst verklungen ist, lauscht man intensiv in die Stille. Da gluckst es plötzlich … da ein Plätschern … ein seltsames Flattern, Piepsen, Schnattern … und der Fantasie freien Lauf lassen!

Radelsandwich …

… leichte Kost, die lange schmeckt

Ausflüge machen hungrig. Wohl dem, der Vorräte eingepackt hat. Die sollten aber wetterbeständig sein und sowohl Kälte als auch Hitze ertragen, also keine Milchprodukte oder Mayonnaise mitnehmen. Richtig köstlich sind Sandwichs mit Relishaufstrich.

■ Was gesund ist, darf auch bitte gut schmecken. Mit Gewürzen, Pasten, Relishs und Gemüseaufstrichen werden aus Stullen Delikatessen auch für Fans der fleischarmen Küche.

Schmeckt

mit Gemüse & Relish

■ Für 4 Sandwichs

1 griechisches Fladenbrot • 1 Zucchino • 1 Möhre • 1 Hähnchenbrustfilet • Olivenöl

■ Für das Relish

2 Zwiebeln • 1 säuerlicher Apfel • 500 g Gelierzucker 1:1 • Salz • Currymischung

■ Für das Relish die Zwiebeln schälen, und fein hacken. Den Apfel schälen und in sehr kleine Stücke schneiden. Beides in einem Topf erhitzen, den Gelierzucker, Salz, Pfeffer, Currymischung dazugeben und so lange köcheln lassen, bis der Zucker Fäden zieht. Die Masse in heiß ausgespülte Einmachgläser geben und sofort verschließen. Nach 2 Tagen kann das Relish verwendet werden.

■ Das Hähnchenbrustfilet waschen, trocken tupfen. Zucchini waschen und beides in feine Scheiben schneiden und in einer Pfanne mit heißem Öl anbraten, herausnehmen und abkühlen lassen. Die Möhren schälen und fein raspeln.

■ Das Fladenbrot in der Mitte durchschneiden und mit Relish bestreichen. Die Bodenhälfte mit Zucchini, Hähnchen, Möhren belegen. Die Fladenoberseite darauflegen und den Fladen vierteln. In Butterbrotpapier und Tupperdose transportieren.

Urlaub daheim

Urlaub auf Balkonien

oder kleine Retiros am Stadtrand

Die Brüder Grimm übersetzten in ihrem Wörterbuch das Wort „Sommerfrische" mit „Landlust der Städter im Sommer". Bereits in der Antike siedelten die Römer ans Meer, sobald die Hitze (und der Gestank) in den Städten unerträglich wurde. Im Barock ließ es sich der Adel nicht nehmen, kühle Schlösschen sommers zu bewohnen. Im 19. Jahrhundert wurde die Sommerfrische – das Wort kommt vom italienischen Ausdruck für Spazierengehen „prendere fresca" „Frische nehmen"– auch für die bürgerlichen Schichten attraktiv. Man nahm sich einfache ländliche Pensionszimmer auf Bauernhöfen, in Gastwirtschaften und gab sich der Natur hin, gern wochenlang, allerdings kam man auch nicht wie heute rasch von A nach B. Dann folgte die Welle der Fernreisen. Heute ist selbst ein einfacher Aufenthalt auf dem Lande kein sparsames Unterfangen mehr, Urlaubszeiten, Ferienkalender der Kinder, Patchworkfamilien müssen unter einen Hut gebracht werden. Kurz gesagt: Urlaub ist teuer und wird immer mehr zum Luxusgut. Sogar in den Lifestylemagazinen ist deshalb der Urlaub auf Balkonien angekommen. Design, Bestuhlung, Beschallung und Verköstigung rund um die eigene Wohnung sind Trendthemen geworden. Höchste Zeit, ein Hohelied auf den Urlaub daheim zu singen, der nicht nur mit naturnahen Attraktionen (siehe vorhergehende Kapitel) gestaltet werden kann, sondern als echter Tapetenwechsel mit eigenem Rhythmus.

■ Ein Balkon kann eine echte Alternative zu einem Fernurlaub sein – dann, wenn Dekoration und Nutzung im Einklang stehen.

Urlaubsfeeling

Später aufstehen, Frühstück auf dem Balkon anrichten – schon ist der Tag kein Arbeitstag mehr. Denn Urlaub beginnt im Kopf und der Kopf lässt sich von veränderten Rhythmen gern verführen. Das muss nicht heißen, dass man in den Tag hinein lebt, aber die Prioritäten werden verschoben. Morgens ins Freibad – was für ein Luxus! Mittags Schläfchen bei offenen Fenstern, abends Windlichter aufstellen und Spiele spielen. Urlaub heißt, die Zeit neu zu füllen, und dazu muss man nicht in die Ferne schweifen.

Balkon, das Sommerzimmer

Wer Kinder hat, wird zwar um ganz pragmatische Dinge wie Kochen, Bügeln, Putzen nicht herumkommen, aber wenn schon, dann mit Stil. Z. B. Bügeln auf dem Balkon. Sie werden überrascht sein, wie anders sich diese Tätigkeit anfühlt. Essen, Spielen, Gäste empfangen – selbst ein Minibalkon mausert sich zum Sommerzimmer, wenn man ihn benutzt! Pflanzen gehören ebenso dazu wie geeignete Möbel. Kissenlandschaften finden überall Platz und ein Sonnenschirm gibt schon optisch das Zeichen: Achtung, hier wird gechillt. Und den Stadtgeräuschen auf dem mitter-

Auch auf dem kleinsten Balkon kann man ein botanisches und gastliches Sommeridyll schaffen.

nächtlichen Balkon zu lauschen, kann ein Hörspiel mit viel vertrauter Lebendigkeit sein.

Summer in the City

August: Alle fahren weg, nur Sie nicht. Bravo, jetzt haben Sie die Stadt für sich – ein Luxus, den man sich in den Ferienmonaten nicht entgehen lassen sollte. Überall Parkplätze, die Gangart ist allgemein etwas langsamer und in den Lieblingslokalen sind endlich Plätze frei. Die sollte man sich auch gönnen. Nichts bringt den Urlaub so nach Hause wie kleine Restaurantbesuche, Grillabende bei Freunden, Biergarten oder ein paar Leckereien, die man sich sonst nicht gönnt.

Mythos Freibad

Auch mit einem Picknick im Freibad schafft man Ausnahmen, die den Urlaub daheim beflügeln. Wenn die meisten Besucher schon wieder abgezogen sind, entfalten viele Freibäder ihren ganz besonderen Charme – und da sie in den Sommermonaten meist lange geöffnet haben, dienen sie als grüne Lunge auch für abendliche Aufenthalte. Kaum zu glauben, welche Kräfte ein Tag im Freibad freisetzt. Nicht nur Sonne tanken, sondern auch Wassersport treiben – Jung und Alt haben hier einen wunderbaren Marktplatz der Verständigung – denn auch das gehört zum Urlaub: Kommunizieren mit Fremden.

Zelt und Jugendherberge

Auch mit kleinem Urlaubsbudget kann eine ganze Familie Kurzurlaub machen. Jugendherbergen sind heute bestens auf Familienbesuche eingestellt und architektonisch hat sich so manche Jugendherberge zu einem Schmuckstück gestylt. Wer partout daheimbleiben muss, kann vielleicht sein Zelt im eigenen Garten aufschlagen. Oder bei Freunden um „Sommer-Asyl“ ersuchen – in Skandinavien ein hübscher Brauch, dort darf drei Tage auf jedem Grundstück campiert werden. Nicht nur Kinder finden veränderte Schlafbedingungen, z. B. unter freiem Himmel nächtigen, faszinierend. Einfach mal den Blickwinkel ändern, und sei es vor dem Einschlafen der Blick in den Himmel, das schafft neue Ideen im Kopf.

Sommerrituale

Der täglich Ausflug zur Eisdiele mag diätisch betrachtet ein „no go" sein – vom Entspannungswert her ist er so göttlich wie eine kleine Reise nach Italien. Eis macht glücklich, ähnlich Schokolade. Und abends noch Freunde auf eine Runde „runde Kugeln" zu treffen, ist die stressfreieste Art, sich Italien zu nähern. Dasselbe trifft übrigens auf den morgendlichen Kaffee an der Espressobar zu oder auf das Frühstück bei der Nachbarin – wichtig ist, dass Abwechslung zum normalen Alltag hergestellt wird – kleine wiederkehrende Rituale sind im Sommer der Garant für ein nie endendes Urlaubsgefühl, selbst wenn längst wieder der Arbeitsalltag angelaufen ist.

Der Schrebergarten

Das Laubenidyll des 19. Jahrhunderts erfreut sich in den letzten Jahren wieder allergrößter Beliebtheit. Besonders in den Metropolen Berlin, München, Köln, Hamburg und Leipzig. Dort entstand 1865 aus einem Schulverein heraus die Schrebergartenbewegung. Damals erhielten Kinder von Fabrikarbeitern die Möglichkeit, auf einer grünen Wiese mitten in Leipzig gemeinsam ihre Freizeit zu verbringen unter Anleitung von Pädagogen. Ein Novum, das endlich einmal die Situation der Arbeiterkinder fokussierte, die zu Beginn der Industrialisierung unter den teils unmenschlichen Arbeitszeiten der Eltern sehr zu leiden hatten. Der Lehrer Heinrich Karl Gesell war es dann auch,

Viele Städte bieten in den Sommerferien Zeltabende, Pfadfinderkurse und Zirkuswochen für Kinder an – oft bringt so ein Ferien-Event vor Ort mehr als eine stressige Urlaubsreise.

Warum Kleingärten bereichern

- Kleingärten bieten eine bessere Lebensqualität im urbanen Umfeld.
- Sie lockern die städteplanerische Bebauung auf und sind einzigartige Biotope.
- Familienleben erfährt eine Bereicherung in Sachen Freizeit.
- Kinder erfahren die Natur und bekommen Spiel- und Kommunikationsmöglichkeiten.
- Gärtnern beruhigt die Nerven bei beruflichem, privatem oder gesundheitlichem Stress.
- Immigranten bietet sich die Möglichkeit, Kontakte zu knüpfen – Interkulturelles Gärtnern ist eines der Schlagworte der Integration heute.
- Intergration in das Vereinsleben fördert die Kontaktfähigkeit.
- Senioren schöpfen aus der Gartenarbeit neues Selbstbewusstsein.
- Die gärtnerische Betätigung schafft Fitness.
- Ökologie und Selbstversorgung vereinen sich beim Kleingärtnern.
- Die kleinen Grünreservate sind Ruhepunkte für die Nerven, für das Auge, aber auch für die Tier- und Pflanzenwelt.
- Der Mythos Kleingärten erlebt gesellschaftlich eine Renaissance.

der auf diesem Stückchen Land Gärten anlegen ließ, die ganzen Familien zur Verfügung standen. Bereits 1891 zählte man 14 Kleingartenvereine in Leipzig, die alle nach dem Mitstreiter Gesells, dem Arzt Moritz Schreber benannt wurden. Nach dem Zweiten Weltkrieg dienten Kleingärten der Selbstversorgung und waren sogar geschützter Dauerwohnraum.

Moderne Idyllen

Heute sind die bundesweiten Kleingartenanlagen ein beliebtes Retiro für junge Familien. Aus den manchmal piefigen Vereinsidyllen sind teils hippe Lauben und Parzellen geworden, die auch eingefleischten Städtern mit wenig Gartenambitionen Rückzug bieten. Mit Minibauerngärten, Hochbeeten, schnellwachsenden Pflanzen zum Anschauen und Ernten, großen Kräuterecken und vor allem Sitz- und Spielmöglichkeiten sind Schrebergärten die absoluten Gewinner im Gartenboom. Die allerorts zahlreichen Baumärkte und Gartencenter haben sich auf die Gartennovizen gut eingestellt. Lazy Gärtnern, Bauerngartenmischungen, Minigewächshäuser und jede Menge leichtes Equipment verschaffen Hobbygärtnern und Freizeitgartenarchitekten die schönste aller Freizeitbeschäftigungen: das Bewirtschaften eines eigenen kleinen Stücks Land. Hier kann im Miniformat ausgelebt werden, was im urbanen Umfeld meist unmöglich ist. Vom psychologischen Wert des Gärtnerns sind heute immer mehr Menschen überzeugt. Es gibt Kraft, Befriedigung und beruhigt Kinder, Jugendliche, gestresste Manager, überlastete Mütter und macht Senioren fit bis ins hohe Alter.

Neue Freunde

Zwar gehorchen die meisten Kleingartenanlagen einem strengen Regelwerk, aber auch hier wurde vieles den veränderten Bedürfnissen angepasst. Bewuchs- und Bebauungsvorschriften entsprachen häufig nicht mehr den Vorstellungen junger Familien, die sich oft mehr Wiese, aber weniger Beete wünschen. Was Lärm-, Geruchs- und Sichtbelästigung angeht, sollte es allerdings jede Anlage auf einen Konsens bringen. Denn das Zusammenleben in Idyllen ist nicht immer idyllisch, wenn viele verschiedene Temperamente aufeinandertreffen. Hier kann Sozialleben geschult werden. Dass Pflanzen eine beruhigende Wirkung haben, kann man dabei immer wieder feststellen. So mancher kleine Zwist kann bei einem Stück Kuchen mit Erdbeeren aus eigener Ernte beigelegt werden und neue Freundschaften zwischen sehr verschiedenen Menschen entstehen – auch eine Art Urlaub!

Schrebergärten bedienen heute die große Sehnsucht nach dem Ausstieg ins Landleben – ohne dass man gleich einen ganzen Bauernhof bewirtschaften muss.

Balkonspaghetti …

… die Gute-Laune-Kost

Nichts geht über Spaghetti aglio olio, Penne arrabiata oder Pestonudeln an einem heißen Tag auf einem heißen Balkon. Ein Glas Weißwein dazu und Italien kann kommen – und Ihre Gäste auch. Für 4 Personen 800 g Spaghetti in Salzwasser bissfestkochen und dann mit drei Soßen auftrumpfen.

■ Spaghetti schmecken so vielfältig wie ihre Soßen und haben immer den Wohlfühleffekt.

3 Soßen

für Spaghetti

■ Soße für Penne arrabiata und aglio olio

2 Peperoncini • 4 frische Knoblauchzehen • Olivenöl • 2 EL Tomatenmark • 1 Bund Petersilie • Salz • etwas Zucker

■ Die Peperoncini mit Gummihandschuhen entkernen und in Ringe schneiden, die Knoblauchzehen häuten und in Scheiben schneiden. Beides in heißem Öl anbraten, Tomatenmark dazugeben, mit Salz und Zucker würzen, etwas Nudelwasser dazugeben und einköcheln lassen, mit Petersilie betreuen.

Für aglio olio das Tomatenmark weglassen. Die Spaghetti in den angebratenen Peperoncini und Knoblauch erhitzen, salzen und mit Petersilie betreuen.

■ Pesto

1 Bund Petersilie • 1 Handvoll Basilikumblätter • 1 Knoblauchzehe • 4 El Olivenöl • Salz • Pfeffer • Parmesan

■ Die Kräuter waschen und fein hacken. Zusammen mit dem Öl in einen Mörser geben und zu einem Brei reiben, salzen und geriebenen Parmesan unterheben. Das frische Pesto kann in einer Schüssel auf den Tisch gestellt werden und die Gäste nehmen sich zu den heißen Spaghetti soviel sie davon wollen.

Blumen …

… die man herzhaft würzen kann

Sie sehen exotisch aus und sind doch schon seit der Römerzeit bei uns heimisch – Artischocken. Dieses distelartige Blütengemüse ist nicht nur gesund und schont die Galle, sondern auch eine echte Sommerdelikatesse.

■ Artischocken kann man im eigenen Garten anbauen. Besonders die kleinen Sorten reifen hierzulande gut.

Salat

mit Artischocken

■ 10 kleine, zarte Artischocken • Saft 1 Zitrone • 1 kleine Zwiebel • 2 Knoblauchzehen • 1 Orange • 2 EL Honig • 2 Zweige Rosmarin • Salz • Pfeffer • 2 EL Olivenöl • 6 El lieblicher Weißwein • evtl. 100 ml Gemüsebrühe • Saft einer Orange

■ Den Stiel der Artischocken abbrechen und die äußeren Blätter entfernen. Die obere Hälfte der Artischocken wegschneiden und die Böden schälen. Das Heu herauskratzen. Die Böden mit dem Zitronensaft einreiben.

■ Zwiebel und Knoblauchzehen schälen und halbieren. Die Orange schälen und filettieren. In einer Pfanne das Öl erhitzen, Zwiebel und Artischocken dazugeben und leicht schmoren.

■ Die Knoblauchzehen, die Hälfte der Orangenfilets, den Honig, einen Rosmarinzweig, Salz und Zucker sowie den Wein zugeben. Zugedeckt etwa 40–60 Minuten sanft köcheln lassen, bis die Artischockenböden langsam weich werden. Hin und wieder nachsehen, ob noch Flüssigkeit in der Pfanne ist und gegebenenfalls Gemüsebrühe nachgießen.

■ Den frisch gepressten Orangensaft und die restlichen Orangenfilets zugeben und mit Salz und Pfeffer abschmecken. Alles in eine Schüssel geben und mit dem zweiten Rosmarinzweig garniert servieren.

Bildnachweis

Coverbild: Stockfood; U4 Haus, Kind Look, Frau, Tisch Stockfood; 4 links oben Look, rechts oben, links unten, rechts unten Stockfood; 6, 8/9, 11, 12, 13, 14, 15, 17, 19, 20, 21, 23, 25, 27, 31, 33, 35, 37, 39, 40 Stockfood; 41 Look; 43, 47, 48, 49, 50/51, 53, 55, 57, 59 Stockfood; 60 links oben, links unten, rechts unten Fotolia, rechts oben Stockfood; 63 Stockfood; 64, 67 alle Look; 69 Stockfood; 71 Look; 73 links oben, rechts unten Stockfood, rechts oben, links unten Look; 74, 77 Stockfood; 79 Fotolia, 81, 83, 85, 86, 88, 89, 91, 93, 95 Stockfood; 96, 97 Fotolia; 99, 100 Stockfood; 101 links oben Fotolia, rechts oben, links unten, rechts unten Stockfood; 102, 104/105, 107, 109, 110 Look; 113 Stockfood; 114 Look; 117 Stockfood; 119, 121 Look; 123 Stockfood; 124, 127 beide Fotolia; 129 Stockfood; 131, 132, 133, 135, 137 Look; 139 links oben, links unten Stockfood, rechts oben, rechts unten Look; 141 Look; 142 Stockfood; 143, 144 Look; 145 beide Fotolia; 147, 148/149, 151 Stockfood; 153 Fotolia; 155 Look; 157, 159 Stockfood;

ISBN 978-3-9813104-3-6

Gestaltung und Satz: Paxmann text • konzept • grafik, München

Printed in Belgium 2010

Verlagswebsite: www.d-hverlag.de
Themenwebsite: www.aus-liebe-zum-landleben.de